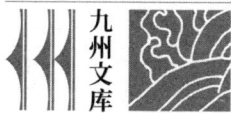

九州文库

中国制造业产能过剩研究

（1998—2015）

周瑞辉　杨新梅　周萍　著

九州出版社
JIUZHOUPRESS

图书在版编目（CIP）数据

中国制造业产能过剩研究：1998—2015 / 周瑞辉，杨新梅，周萍著 . -- 北京：九州出版社，2024. 10.
ISBN 978-7-5225-3419-0

Ⅰ. F426. 4

中国国家版本馆 CIP 数据核字第 2024G7W631 号

中国制造业产能过剩研究：1998—2015

作　　者	周瑞辉　杨新梅　周　萍　著
责任编辑	肖润楷
出版发行	九州出版社
地　　址	北京市西城区阜外大街甲 35 号 （100037）
发行电话	（010）68992190/3/5/6
网　　址	www. jiuzhoupress. com
印　　刷	唐山才智印刷有限公司
开　　本	710 毫米×1000 毫米　16 开
印　　张	11. 5
字　　数	148 千字
版　　次	2025 年 1 月第 1 版
印　　次	2025 年 1 月第 1 次印刷
书　　号	ISBN 978-7-5225-3419-0
定　　价	85. 00 元

前　言

20世纪90年代中期，中国制造业企业开始出现"生产能力"过剩；之后，产能过剩问题一直是中国经济理论界和国家相关部门关注和研究的重点和难点；特别是在美国2006年爆发次贷危机之后，外部进口需求悬落和内部消费动力不足，使中国制造业产能过剩问题雪上加霜。产能过剩意味着经济资源的错配和经济效率的低下，因此中国的相关部门和学者对产能过剩问题进行了大量的研究，以求探索到中国产能过剩的成因并对症下药治理产能过剩。

首先，本研究以产能过剩理论和实证的发展脉络为索引，对现有的产能过剩理论和实证，及其测度方法进行了综述，并对中国的产能过剩理论发展过程进行理论梳理和评述，以更好地呈现产能过剩理论的发展脉络。

其次，本研究在现有的产能过剩理论基础上，结合了新凯恩斯主义理论和中国经济转型的制度背景，构建纳入所有制异质与晋升激励的产能过剩成因动态随机一般均衡模型（DSGE）框架，基于DSGE稳态进行扩展分析，以探寻中国产能过剩问题的深层次成因。研究表明，中国正面临产能过剩的挑战，这一挑战因劳动力市场的供应过剩及出口萎缩而加剧。具体而言，充足的劳动力资源为企业扩大生产提供了人力保障，同时，国际市场的需求弥补了国内消费不足的空间，为企业产品找到了出口。此外，地方政府的竞争性补贴也在一定程度上助推了企业的扩产行为。然而，随着经济环境的变化，如刘易斯拐点的到来以及全球经济波动导致的出口减少，产能过剩的有利条件正在发生改变。为了应对这一挑战，有必要调整经济结构，将资源从过剩行业转移出来，实现资源的优化配置。在此过程中，推动利率市场化和资源要素的差别化配置成为关键一环，它能够实现优胜劣汰、增加居民收入和消费，进而帮助消化过剩的产能。再次，基于前文的理论分析，利用《中国工业企业数据库》的微观企业数据为基础，检验了成本函数法是否适合测度中国制造业的产能利用率。利用 1998—2015 年中国工业企业数据，以两位数行业汇总数据和三位数行业汇总数据为基础数据，以似不相关回归和面板固定效应回归估计四种测度经济产能的成本函数，回归结果表明：(1) 估计的系数不符合成本函数的性质。(2) 测度的产能利用率严重偏离合理的 [0，1] 区间。通过比较，以次中选优的策略选取了产能利用率的测度结果作为中国制造业行业的产能利用率指标。同时，本研究也直接对《中国工业企业数据库》的微观企业数据使用成本函数法，尝试实现对微观企业产能利用率的测度，但测度结果表明成本函数法测度的微观企业产能利用率严重不符合产能利用率取值区间为 [0，1] 的要求。

最后，本研究以 1998—2015 年中国制造业行业的产能利用率测度结果（即文中第三章测度的、以次中选优策略选取的产能利用率数据）为数据基础，构造中国制造业两位数行业面板数据，对中国制造业行业的产能过剩成因进行了初步研究，表明：(1) 产权性质及其与要素价格负向扭曲、预算软约束、市场化进程和垄断-商业信用的交互项对产能利用率的影响显著，且产权性质的产能过剩效应在增强。(2) 要素价格负向扭曲与垄断-商业信用的产能过剩效应在增强。(3) 预算约束硬化的产能过剩效应在增强。(4) 加快市场化进程，提高行业集中度，降低信息不对称的前景共识，有利于提高行业产能利用率。(5) 政府补贴对行业产能利用率的影响则不显著。并就以上分析提出了相应的政策建议。同时，本研究采用产能利用率的虚拟变量法和内生门限法，研究了产能利用率和要素错配对中国制造业行业出口的影响。结果发现：(1) 生产率对出口的影响不稳健，高产能利用率行业的出口强度低。对此解释是由于出口价格低于国内价格，导致高产能利用率行业立足于本土市场以实现利润最大化。(2) 产权性质显著影响出口强度；低利率可提升出口；政府补贴对高产能利用率行业的出口促进更明显；市场化进程与出口强度负相关。(3) 新产品产值对高、低产能利用率行业的出口，有相反的促进和减少作用。(4) 行业规模提升了出口。

在理论方法上，本研究不仅首次利用动态随机一般均衡模型（DSGE）深入分析中国制造业行业的产能过剩成因，并把产能利用率指标纳入梅里兹（Meltiz, 2003）的异质性企业出口理论模型，而且提出了要素扭曲引致的过剩产能出口理论；在实证方法上，本研究主要体现如下：似不相关回归（SUR）、面板固定效应回归、面板随机效应回归与动态面板广义系统矩估计（SYS-GMM）、虚拟变量法和内生门限法等，并进行了测度误差、替代变量、安慰剂效应等稳健性检验。

本研究不仅对产能过剩理论和产能过剩治理有重要意义，而且对研究中国制造业企业的出口行为提供了一个全新的产能利用率视角。本研究的结论表明：(1) 产权性质的产能过剩效应在增强，治理产能过剩需要对企业进行股份制改革。(2) 利率扭曲现象与不同产权性质企业的产能利用率关系不同。加快利率市场化进程有利于迫使落后产能退出市场，从而提高制造业行业的产能利用率。(3) 提高行业集中度，降低信息不对称的前景共识，有利于提高行业的产能利用率。(4) 产能利用率确实影响了中国制造业行业的出口强度，在当前外部进口需求萎缩的背景下，构建全国统一的大市场促进内循环，有利于提高中国制造业行业的产能利用率，减轻对外部需求的出口依存度。

目　录
CONTENTS

绪　论

第一节　选题的背景

20世纪90年代以来，中国企业出现了"能力过剩"。随后，产能过剩问题，成为产业研究和国家调控的重难点。中国学者面对出现的产能过剩问题，经历了从西方引进"市场失灵说"到结合中国实际提出"要素扭曲说"的转变。"市场失灵说"从市场的先天缺陷——"市场垄断""行业集中度""不确定性""信息不对称的前景共识"等角度解释产能过剩的形成。而"要素扭曲说"则依据中国国情，从"所有制异质""预算软约束""要素价格扭曲""市场化进程""政府补贴""补贴式竞争"等角度去理解产能过剩。通过现有的产能过剩研究文献，可以发现产能过剩成因的理论研究较多而计量实证检验却较少（参考第一章的文献综述）。繁多的产能过剩成因理论虽然丰富了产能过剩的成因理论研究，但同时亦表明现有针对产能过剩成因的研究成果没有从各种成因中抓住重点或者没有挖掘出各种成因背后的深层原因，而造成这种现象的原因是缺乏理论提炼与计量检验共同作用的结果。首先，从理论提炼角度来说，现有产能过剩成因繁多，是否可以提炼或精简？比如现有研究认为预算软约束、要素价格扭曲、市场扭曲、政府补贴及补贴式竞争都是产能过剩的资源错配成因，这些成因是否可以借鉴因子分析降维的思想提炼出一个因素？其次，从计量检验上来说，虽然已有研究使用成本函数法算出了中国制造业行业的产能利用率，但因选取行业数据为基础而导致无法纳入各种产能过剩成因指标进行检验。对产能过剩成因进行计量检验必须测度出产能产出（产能产出是指在一定时期内，比如一年或者一个月，某个企业或者行业依据一定的经济条件所能实现的最大产出），以算出产能利用率（产能利用率等于对应的一定时期内某个企业或者行业的实际产出与产能产出之比）。只有拥有了产能利用率数据才可能判断某个企业或者行业是否产能过剩，并进行产能过剩成因的计量检验。虽然测度产能产出的方法有调研访谈法、工程测度法和成本函数法（分别对应着调研产能、工程产能和经济产能），但囿于调研数据缺乏和制造业行业异质以及调研访谈法和工程测度法自身的缺陷（参考第一章的产能测度理论和方法的文献综述），只能以成本函数法来计算产能利用率（文中以下部分内容中的产能利用率，若没有特别交代，均指实际产出与以成本函数法测算的经济产能之比，而产能过剩是指产能利用率远远小于 1 的情况）。孙巍等[1]和韩国高等[2]以《中国工业经济统计年鉴》算出了中国制造业二分位行业的产能利用率，但由于基础数据为二分位行业数据，缺乏行业内的微观企业数据，无法纳入系统化的产能过剩成因指标进行检验，例如无法获得各个行业的所有权份额、政府补贴、行业集中度等，限制了产能过剩成因的计量检验。最后，依据市场主体的经济人假设，并结合中国以出口为

---

[1]　孙巍，李何，王文成. 产能利用与固定资产投资关系的面板数据协整研究：基于制造业 28 个行业样本 [J]. 经济管理，2009，31（3）：38-43.

[2]　韩国高，高铁梅，王立国，等. 中国制造业产能过剩的测度、波动及成因研究 [J]. 经济研究，2011，46（12）：18-31.

导向的发展战略，产能过剩带来了什么后果？促进了出口吗？这些都有待学者进一步深入的研究。

在此背景下，对中国制造业的产能过剩问题进行深入研究，找出产能过剩的真正成因，有利于对症下药治理产能过剩，缓解资源错配实现经济平稳健康发展。

基于以上认识，本研究将试图回答以下四个方面的问题：

第一，如何在纷繁复杂的产能过剩成因理论中，挖掘出中国产能过剩成因理论的深层本质，以构建中国产能过剩成因的一般理论框架？

第二，采用《中国工业企业数据库》，怎样实现以成本函数法算出中国制造业的产能利用率？

第三，以测度的产能利用率数据为因变量，并以《中国工业企业数据库》中的微观企业数据为基础，构建中国制造业产能过剩成因的系统化指标为自变量，从计量上检验到底是什么因素导致了中国制造业产能利用率的变化？

第四，中国产能过剩问题，与中国多年来强劲的出口增长相伴随；同时，动态随机一般均衡（DSGE）框架的理论分析也表明，要素扭曲导致的过剩产能会转化为出口，导致出口强度增加（参考文中第二章第三节）。那么，产能过剩与出口之间存在什么关系？两者之间有着怎样的传导机制？

第二节　本书的结构与内容

本研究一共分为七部分，分别如下：

第一部分为导言部分。主要介绍本研究的选题背景和意义、结构与内容、创新之处及尚存在的不足。

第二部分为文献综述。首先以产能过剩问题研究的进展和演变为主线，按照文献的发展脉络与逻辑关系，旨在系统地梳理产能过剩问题研究的理论变迁及内在逻辑；然后对产能过剩成因的研究成果进行了梳理和评析。最后，对中国的产能过剩成因研究现状进行了综述评论。

第三部分为所有制异质、晋升激励与中国的产能过剩：基于 DSGE 理论框架。结合新凯恩斯主义理论和经济转型的制度背景，构建了纳入所有制异质与晋升激励的产能过剩成因研究的动态随机一般均衡（DSGE）框架，并基于 DSGE 稳态进行扩展分析。

第四部分为中国制造业行业的产能利用率测度。依据现有关于中国的产能过剩成因理论成果：中国的产能过剩成因既有西方的市场失灵共性，又有要素扭曲特性，检验了成本函数法是否适合于测度基于《中国工业企业数据库》的制造业产能利用率。基于 1998—2015 年中国工业企业数据，以两位数行业汇总数据和三位数行业汇总数据为基础数据，以似不相关回归和面板固定效应回归估计了四种测度经济产能的可变成本函数。同时，本研究也直接对《中国工业企业数据库》的微观企业数据使用成本函数法，尝试实现对微观企业产能利用率的测度，但测度结果表明成本函数法测度的微观企业产能利用率严重不符合产能利用率取值区间为 [0，1] 的要求（微观企业的产能利用率测度结果因为不理想，故没有详细写入本研究之中，若想获取此部分测度结果，可向作者索取）。

第五部分为所有制异质、要素扭曲与产能利用。以第四部分的制造业二分位行业的产能利用率数据为基础，使用 1998—2015 年中国全部国有及规模以上制造业企业数据，构建中国制造业的两位数行业面板数据，对中国制造业行业的产能过剩成因进行了初步研究。

第六部分为要素扭曲的产能出口门限假说。采用产能利用率的虚拟变量法和门限法，研究了产能利用率和要素扭曲对出口行为的影响。研究发现要素扭曲一方面有产能过剩效应，还有产能出口效应，而认清产能利用率的门限效应对于正确理解中国制造业出口行为至关重要。

第七部分为整个研究的总结和政策建议，以及未来可以进一步拓展的研究方向。

结合本研究的章节安排与研究脉络，可把本研究的总体研究思路绘制成如下的结构演进图：

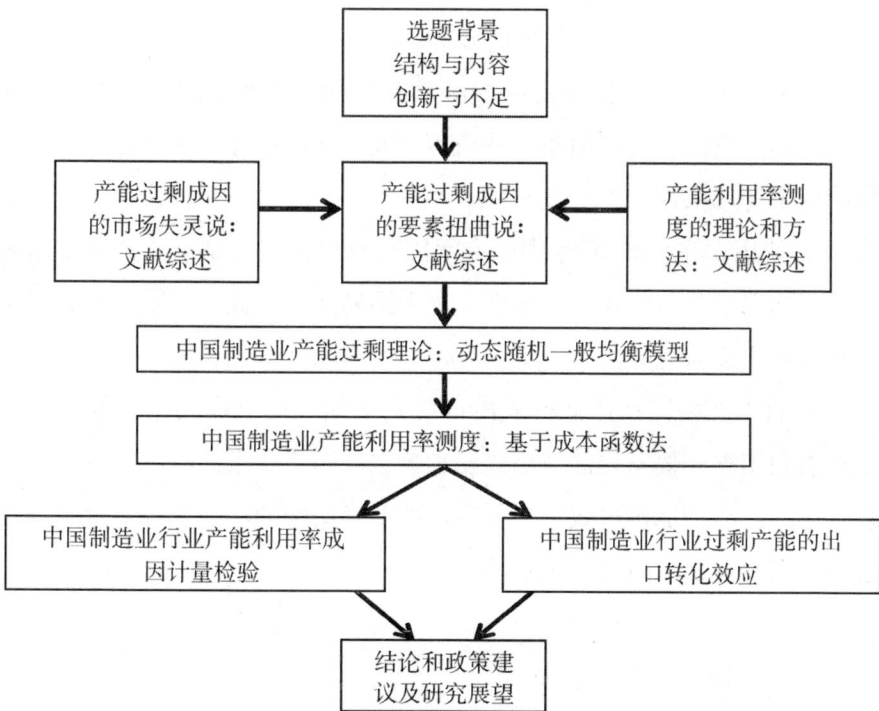

图 X.1　本研究总体研究思路的结构演进图

第三节　本书的创新及不足

一、本研究的创新之处

1. 深化了产能过剩成因理论。结合新凯恩斯主义理论和经济转型的制度背景，构建纳入所有制异质与晋升激励的产能过剩成因 DSGE 框架，基于 DSGE 稳态进行了扩展分析。

2. 运用基于标准化可变成本函数的经济产能测度理论和方法测度了中国制造业的产能利用率，并揭示了成本函数法在中国制造业产能测度应用中的局限性。

3. 使用 1998—2015 年中国全部国有及规模以上制造业企业数据为基础，构建二分位行业面板数据，对中国制造业行业的产能过剩成因进行了初步实证研究。

4. 首次在中国制造业行业出口研究中纳入产能利用率指标，研究了产能利用率和要素扭曲对出口的影响，说明了要素扭曲不仅有产能过剩效应，还有产能出口效应，而认清产能利用率的门限效应对于正确理解中国制造业出口行为至关重要。

二、本研究的不足之处

在产能过剩成因理论上，尽管笔者尝试以动态随机一般均衡模型（DSGE）去构建中国产能过剩成因的一般理论框架，但囿于本研究的重点在于要素扭曲导致的产能过剩，聚焦于晋升激励与所有权异质性，可能的情况是，影响中国制造业产能过剩的理论成因可能并不限于本研究所归纳的因素，可能还有一些其他的因素。在产能过剩成因实证上，尽管笔者尝试以计量实证的方法去探寻中国制造业产能过剩的成因，但由于无法实现基于成本函数法的企业产能利用率测度，致使本研究仍然存在以下一些潜在的缺陷或不足：第一，无法进行产能过剩成因的严谨计量检验。由于只能运用中国制造业行业层面上的产能利用率进行产能过剩成因实证检验，导致无法以企业的微观数据为基础，用严谨的因果计量方法检验中国制造业企业产能过剩的成因。第二，在实证分析方面，虽然笔者尽可能地纳入了中国制造业产能过剩成因的计量指标，但可能的情况是中国制造业行业产能过剩的成因可能并不限于本研究所归纳的因素，即在计量实证中可能存在遗漏变量的问题，虽然笔者纳入了很多的控制变量。第三，由于无法实现微观企业的产能利用率严谨而科学地测度，限制了基于企业数据的产能过剩成因实证研究。第四，囿于本研究资料收集时《中国工业企业数据库》国家公布的年限为 1998—2015，本研究实证涉及的制造业行业数据年份为 1998—2015 年，相对来说比较陈旧，但不会影响制造业产能过剩的理论及实证检验结论。

第一章

产能过剩问题研究：文献综述

自钱伯林① （Chamberlin） 在《垄断竞争理论》中首次提出"产能过剩"② 概念以来，产能过剩研究便在宏观经济学中占据了重要的地位，关于产能过剩的成因、测度与应用研究，经久不衰。产能利用率指标也被作为宏观通货膨胀的预期指标，高的或者上升的产能利用率预警通货膨胀严重或者恶化。产能利用率指标还被作为宏观经济的风向标，对政府的政策形成和实施具有重要的指导意义。

以下部分梳理了产能过剩研究由始至今的理论变迁及其内在逻辑。经济理论的发展、产能测度方法的改进和数据质量的微观化在产能理论研究的进程中扮演了重要的角色，测度方法、数据质量和计量方法是制约理论发展的瓶颈，而随着这三者的进步，旧理论不断被否定，更加贴近现实的新理论应运而生。

---

① CHAMBERLAIN E H. *The Theory of Monopolistic Competition* ［M］. Cambridge：Harvard University Press，1933.

② "重复建设""过度竞争""过度投资"与"产能过剩"等术语虽不同，所指基本为同一经济现象，即：投资形成的生产能力大大超过市场的需求，派生出产品价格竞争加剧、企业亏损增加、产能大量闲置等现象，参见，周其仁. 产能过剩的原因 ［J］. 招商周刊，2005 （52）：8.

第一节 市场失灵说

20世纪30年代以来，国外关于产能过剩成因的理论研究，主要体现为"市场失灵说"，经历了垄断因素与产能过剩、行业集中度引发的竞争或共谋策略与产能过剩、不确定性与产能过剩、要素窖藏与产能过剩等的理论变迁。

一、垄断因素

钱伯林认为，垄断竞争厂商①，面临的是一条向下倾斜的需求曲线，虽在长期内可以调整规模、自由选择进入或退出，在短期内却只能在近似固定资本存量的条件下调整生产规模，致使厂商的短期平均成本曲线高于长期平均成本曲线，短期实际产出低于长期潜在产出水平，因而存在持续过剩的生产能力。在钱伯林提出"垄断竞争市场存在持续的产能过剩"的论断之后，德姆塞茨②（Demsetz）最先质疑这个论断，并尝试利用数学图形表明，只要在平均成本的基础上纳入销售成本，垄断竞争市场的持续产能过剩就会消失。之后，关于产能过剩的论断之争在理论上存在界限分明的支持者和反对者，其中支持者主要以哈佛学派

---

① 垄断竞争是一种介于完全竞争和完全垄断之间的市场组织形式，在这种市场中，既存在着激烈的竞争，又具有垄断的因素。垄断竞争市场是指一种既有垄断又有竞争，既不是完全竞争又不是完全垄断的市场，是处于完全竞争和完全垄断之间的一种市场。

② DEMSETZ H. The Nature of Equilibrium in Monopolistic Competition [J]. *Journal of Political Economy*, 1959, 67 (1): 21-30.

为代表，而反对者则主要以芝加哥学派为代表。阿奇博尔德①（Archibald）引用弗里德曼②（Friedman）的方法论观点反驳了德姆塞茨，并从客观事实出发认为，即使考虑销售成本也不能消除垄断竞争市场持续的产能过剩，并指出在完全竞争市场下广告费用没有存在的理由。施马兰西③（Schmalensee）则利用钱伯林的垄断竞争分析框架，从理论上证明了即使考虑销售费用，垄断竞争市场依然存在持续的产能过剩。

张军和哈勒根④以寡头市场的过度进入定理来解释中国的产能过剩形成机理。过度进入定理是指寡头市场结构下自由进入的企业数目可能会大于社会福利最大化情况下的企业数目，进而导致行业中企业之间的过度竞争⑤。张军和哈勒根认为，中国转轨初期的市场结构为共同垄断型，满足过度进入定理，进入成本相对小于进入后的寡占利润，进入策略成为厂商的纳什均衡策略，进而引发产能过剩。另外，罗云辉⑥则将过度进入定理运用到松散型的寡头垄断行业，从寡头型企业投产行为的策略互动博弈视角，从理论上论证了寡头型行业存在产能过剩。

国内早期的研究还侧重于以进入-退出壁垒的结构特征分析产能过

①　ARCHIBALD G C. Chamberlin Versus Chicago ［J］. *The Review of Economic Studies*，1961，29（1）：2-28.

②　FRIEDMAN M. The Methodology of Positive Economics ［M］//MAKI U. The Methodology of Positive Economics Reflections on the Milton Friedman Legacy. Cambridge：Cambridge University Press，2009：3-44.

③　SCHMALENSEE R. A Note on Monopolistic Competition and Excess Capacity ［J］. *Journal of Political Economy*，1972，80（3）：586-591.

④　张军，威廉·哈勒根. 转轨经济中的"过度进入"问题：对"重复建设"的经济学分析 ［J］. 复旦学报（社会科学版），1998（1）：21-26.

⑤　这几个概念的差异在于描述现象时侧重点上有所不同。"过度竞争"等概念侧重在现象的前端，即生产能力的过度投入上，而"重复建设"和"产能过剩"侧重在产能的大量闲置上，"过度竞争"和"恶性竞争"侧重在激烈的价格竞争和企业亏损增加方面。

⑥　罗云辉. 过度竞争：经济学分析与治理 ［M］. 上海：上海财经大学出版社，2004.

剩的形成机理。依据进入-退出壁垒将产业分为四种类型：低进入-低退出壁垒、低进入-高退出壁垒、高进入-低退出壁垒、高进入-高退出壁垒。在低进入-高退出壁垒情况下，容易受经济景气的上升或者其他瞬间的暴利所诱发而过度进入，而情况不妙时生产能力无法撤离，导致行业存在持续的产能过剩。

二、行业集中度

贝恩①（Bain）发现，一些高度集中的垄断行业的实际定价低于垄断价格，这种价格策略是为了阻止潜在的竞争者进入。巴西简②（Pashigian）则把这种现象归结于保持过剩产能的竞争策略，在位企业以较低的价格阻止潜在的竞争对手进入，一旦新进入者进入，则扩大实际产出。保持足够的产能，使得在位者的威胁变得可信。另外，罗云辉和林洁③构建了一个同质企业的无限期博弈模型，认为通过保有多余的生产能力能够促进企业间合谋。假定市场中有 N 家同质企业，每家企业在其生产能力范围内都能以固定的边际成本进行生产，但不能超过生产能力，买方首先购买定价最低企业的产品，当需求量超过其生产能力时，剩余需求再面向价格次低的企业，在同一价格下，所有企业平分市场，并假设任何一个企业都知道竞争对手的前期价格，企业间的竞争采取促发策略。

同时，贝恩④（Bain）在《产业组织》一文中，提出"过度竞争"

① BAIN J S. A Note on Pricing in Monopoly and Oligopoly [J]. *The American Economic Review*, 1949, 39 (2)：448-464.

② PASHIGIAN B P. Limit Price and the Market Share of the Leading Firm [J]. The Journal of Industrial Economics, 1968, 16 (3)：165-177.

③ 罗云辉，林洁. 苏州、昆山等地开发区招商引资中土地出让的过度竞争：对中国经济过竞争原因分析的一项实证 [J]. 改革，2003 (6)：101-106.

④ BAIN J S. *Industrial Organization* [M]. New York：John Wiley&Sons Ltd, 1959.

的概念，认为在部分低集中度的产业中存在持续性过度供给或过剩生产能力且经济绩效比较差的情形。国内一些学者依据贝恩的相关论述，把中国的企业规模和行业集中度，与国外的相同行业进行对比，来判定中国许多产业达不到最佳生产规模、存在严重过度竞争和重复建设，并把低集中度的市场结构作为产能过剩的评判标准。

马松（Masson）和沙南（Shaanan）① 分别以美国工业数据和化工行业数据发现，在位企业并没有以保持过剩的产能来阻止新进入者的进入（即进入阻止策略）。康拉德（Conrad）和维尔（Veall）② 以德国一个啤酒企业和中国台湾面粉行业作为研究对象，发现啤酒企业和面粉企业通过保持过剩产能以防止在位的竞争对手抢夺市场份额。依据以上行业集中度引发的产能竞争策略或过度竞争与产能过剩之间的计量检验，表明不同集中度的行业是否导致产能过剩，在不同的国家或不同行业之间的结论并不相同。

三、不确定性

20 世纪 60 年代，从不确定性的角度研究企业的投资行为，以市场需求波动、价格波动、信息不对称等不确定性因素研究产能过剩成因很快成为追捧的对象。

史密斯③（Smith）构建了一个纳入不确定性和产能利用率的垄断竞争厂商最优决策模型，发现以需求方差衡量的不确定性越大，产能利

① MASSON R T, SHAANAN J. Excess Capacity and Limit Pricing: An Empirical Test [J]. *Economica*, 1986, 53 (211): 365-378.
② CONRAD K, VEALL M R. A Test for Strategic Excess Capacity [J]. *Empirical Economics*, 1991, 16 (4): 433-445.
③ SMITH K R. The Effect of Uncertainty on Monopoly Price, Capital Stock and Utilization of Capital [J]. *Journal of Economic Theory*, 1969, 1 (1): 48-59.

用率越低。卡尔沃（Calvo）和图米（Thoumi）[1] 通过假定企业资本-劳动比不变与存在短期调整成本，构建了纳入需求波动和存货的企业生产模型，发现在需求波动的情况下存货成本的上升，会导致企业提高资本存量，降低存货，增加产能过剩。波达尔等则构建了一个考虑产能建设时间并以自然人选择未来需求状态（繁荣或萧条）的两阶段博弈，第一阶段投资者选择产能投资规模，第二阶段投资者知道市场需求状态（繁荣还是萧条），但是由于产能建设时间的存在，在第二阶段不能增加产能，如果投资者在第一阶段选取萧条的需求，那么在第二阶段能够实现的产能等于需求，但是如果第二阶段是萧条状态，而投资者在第一阶段选择了繁荣的产能投资规模，则进行古诺竞争，存在产能过剩。

李江涛[2]和尚鸣[3]等学者从经济周期理论的观点出发，解释中国产能过剩的形成机理。李江涛认为，企业在经济繁荣时往往对未来预期过度乐观，加大投资、扩张产能，而一旦经济形势发生逆转，需求发生很大的变化导致企业措手不及而出现产能过剩。尚鸣则认为，产能过剩是经济周期性波动造成的，是所有市场经济国家必定要经历的。产能过剩一方面会给经济和社会发展带来许多负面影响，另一方面也可以成为推动结构调整的难得机遇，因为没有产能一定程度的过剩，就难以形成有效的竞争。

刘世锦认为，即使在竞争性的市场中，企业在猜测未来市场需求的过程中，可能因为信息不对称而发生产能过剩。卢峰认为产能过剩发生的根源包括两方面因素：预期偏差和沉没成本。林毅夫[4]通过假定投资

①　CALVO G A, THOUMI F E. Demand Fluctuations, Inventories and Capacity Utilization [J]. Southern Economic Journal, 1984, 50 (3)：743-754.

②　李江涛. 产能过剩问题、理论及治理机制 [M]. 北京：中国财政经济出版社，2006.

③　尚鸣. 过剩产业谋变 [J]. 中国投资，2006 (3)：28-29.

④　林毅夫，巫和懋，邢亦青. "潮涌现象"与产能过剩的形成机制 [J]. 经济研究，2010，45 (10)：4-19.

建厂时信息不完全，和行业内企业总数目未知，建构了一个先建立产能、再进行市场竞争的动态架构，提出"潮涌现象"的微观理论基础：产能过剩是对于其他企业和总量信息了解不足的理性结果，认为发展中国家的企业所要投资的产业常常具有技术成熟、产品市场已经存在、处于世界产业链的内部等特征，因而全社会很容易对有前景的产业产生正确共识，在投资上出现"潮涌现象"而发生产能过剩。

瓦尼和弗雷①（Vany and Frey）通过研究钢铁产业中的订单数据，发现需求不确定与产能过剩之间呈正向相关。然而，布洛姆等②（Bloom, et al.）却从投资不可逆的角度认为需求冲击下的不确定性越高，投资响应度越低，不确定性致使投资者更加谨慎，并以英国制造业1972—1991年的面板数据实证表明，面对需求冲击投资者选择谨慎等待，而不是冲动扩产。

四、要素窖藏

经济增长理论和实证的发展，与垄断竞争模型的普遍应用，使得关于产能利用率的研究得到重视和发展。新古典学派和凯恩斯学派皆认为，劳动生产率是反周期的。然而实际工资数据却是顺周期的，传统的经济解释为企业的资本和劳动的使用强度在经济繁荣期大于经济萧条期。索罗③（Solow）通过构建的新古典增长模型实证发现，实际产出增长与预期产出增长之间存在周期性的偏差，并对失业率进行了解释。此后，多数经济学家都把周期性的生产率归因于周期性的不可观察的产能

①　VANY A D, FREY G. Backlogs and the Value of Excess Capacity in the Steel Industry [J]. *The American Economic Review*, 1982, 72 (3)：441-451.

②　BLOOM N, BOND S, REENEN J V. Uncertainty and Investment Dynamics [J]. *The Review of Economic Studies*, 2007, 74 (2)：391-415.

③　SOLOW R M. Technical Change and the Aggregate Production Function [J]. *The Review of Economics and Statistics*, 1957, 39 (3)：312-320.

利用率变化所导致的测量误差。

新贸易理论的发展，异质性企业的提出，与动态随机一般均衡模型（DSGE）的大量应用，使得以垄断竞争厂商为前提的经济理论取得了巨大发展。同时，大量的经验研究表明，许多工业存在持续的产能低利用状态，而西方学者关于产能过剩的成因实证却表明产能过剩成因在不同地区或不同行业存在特殊性和多样性。但有一点是可以肯定的：产能过剩的落脚点，都表现为资本、劳动和中间投入等要素的利用上，体现为要素窖藏①，产能过剩研究开始以可变资本利用率、劳动窖藏等视角来体现。

瓦尔特②（Walter）提出把技能劳动视为固定或者近似固定的投入要素。温斯顿（Winston）提出资本利用率可变的思想。萨默斯③（Summers）则首次使用"劳动窖藏"的概念来解释劳动生产率的周期性。之后，经济周期和动态随机一般均衡模型的经验研究，都考虑了可变资本利用率和劳动窖藏，区分服务要素（factors in use）和在职要素（factors in place），并以两者之比（the ratio of factors used to factors in place）作为产能利用率（capacity utilization）的衡量指标。从此，西方学者对于产能过剩的研究转为以产能利用率的理论嵌入和经验测度为主。

---

① 要素窖藏是对劳动窖藏概念的借鉴。在经济学中，劳动窖藏（Labor Hoarding）指这样一种现象，即由于解雇和雇用工人的行为存在成本，企业在经济衰退期仍会留住那些本可以解雇的工人。与劳动窖藏类似，要素窖藏是指中间品投入、资本投入等要素因为处置成本的存在而保留的冗余的中间品投入和资本存量。

② OI W Y. Labor as a Quasi-Fixed Factor [J]. *Journal of Political Economy*，1962，70（6）：538.

③ SUMMERS L. Some Skeptical Observations on Real Business Cycle Theory [J]. *Quarterly Review：Federal Reserve Bank of Minneapolis*，1986，10：23-27.

第二节　要素扭曲说

20 世纪 90 年代开始，中国逐步由卖方市场转为买方市场，告别了短缺经济。到 90 年代中期，中国企业出现了"能力过剩"。随后，产能过剩问题引起了国家政策部门和经济学者关于中国产能过剩成因的研究。关于中国的产能过剩成因理论创新的"要素扭曲说"，包括所有权异质性、预算软约束、补贴式竞争、区域差距等视角。

一、所有权异质性

科尔奈[①]最早提出产权性质与产能过剩之间的关系。张维迎和马捷[②]通过构建一个考虑所有权与经营权分离的库诺特模型，指出不同产权特点和技术水平的企业会面临不同的产能过剩现象。王曦[③]在《经济转型中的投资行为与投资总量》一文中研究了异质产权结构的企业因目标函数不同而导致其投资行为不同。许罡等人结合我国经济转型时期的制度背景，实证数据验证分析了不同所有制企业面临不同的政府补助偏好。盛明泉和李昊[④]以 2008—2009 年中国所有 A 股上市公司为样本，研究发现不同产权的企业在过度投资倾向方面表现存在差异。张敏等[⑤]

---

① 科尔奈. 社会主义体制：共产主义的政治经济学 [M]. 张安，译. 北京：中央编译出版社，2006.

② 张维迎，马捷. 恶性竞争的产权基础 [J]. 经济研究，1999（6）：11-20.

③ 王曦. 经济转型中的投资行为与投资总量 [J]. 经济学（季刊），2005（4）：129-146.

④ 盛明泉，李昊. 预算软约束、过度投资与股权再融资 [J]. 中南财经政法大学学报，2010（4）：84-90，144.

⑤ 张敏，吴联生，王亚平. 国有股权、公司业绩与投资行为 [J]. 金融研究，2010（12）：115-130.

运用中国上市公司的数据研究发现，中国企业多少都存在过度投资倾向，导致产能过剩。

二、预算软约束

科尔奈①（Kornai）提出了企业的预算软约束（Soft Budget Constraint）现象。预算软约束是指，向企业提供资金的机构（政府或银行）未能坚持原先的商业约定，使企业的资金运用超过了它当期收益的范围。杜瓦特波特（Dewartripont）和马斯金（Maskin）②等引入时间非一致性（time inconsistency）的概念来研究预算软约束理论，认为对于一个未完成的无效率投资项目，政府或银行往往主动或被动地追加投资，因为追加投资的边际收益可能大于放弃项目必须付出的边际成本。钟伟和宛圆渊③利用 Dewartripont-Maskin 的快慢模型（slow and quick project model）思路构建了一个预算软约束下的信贷扭曲膨胀模型，发现时间非一致导致的预算软约束引发的产能过剩，本质原因在于信息不对称。林毅夫、刘明兴和章奇④对社会主义国家的预算软约束成因进行了拓展，并提出预算软约束的量化指标。此外，理查森（Richardson）和斯科特（Scott）⑤考察了公司的自由现金流与公司投资之间的关系，研究结果发现有较高水平自由现金流的企业更易发生过度投资行为，进而引发产能过剩。

① KORNAI J. The Soft Budget Constraint [J]. *Kyklos*, 1986, 39（1）：3-30.

② DEWATRIPONT M，MASKIN E. Credit and Efficiency in Centralized and Decentralized E-conomies [J]. *The Review of Economic Studies*, 1995, 62（4）：541-555.

③ 钟伟，宛圆渊. 预算软约束和金融危机理论的微观建构 [J]. 经济研究，2001（8）：44-52, 96.

④ 林毅夫，刘明兴，章奇. 政策性负担与企业的预算软约束：来自中国的实证研究 [J]. 管理世界，2004（8）：81-89, 127-156.

⑤ RICHARDSON S. Over-Investment of Free Cash Flow [J]. *Review of Accounting Studies*, 2006, 6（23）：158-189.

三、补贴式竞争

江飞涛等[1]认为：在要素扭曲背景下，地方政府对于投资的补贴式竞争才是导致产能过剩最为重要的原因。于斌斌和蒋倩倩[2]运用中国城市数据和动态空间杜宾模型实证检验了土地供给结构对工业产能过剩的影响及空间溢出效应。研究发现：（1）高工业用地比例、低居住用地比例的土地供给结构加剧了工业产能过剩，并且存在显著的空间溢出效应。（2）土地供给结构所引发的房价水平高涨与技术创新偏向进一步加剧了工业产能过剩，而出口贸易则有利于改善土地供给结构对工业产能过剩化解的负面影响。程仲鸣等[3]以2002—2006年中国地方国有上市公司为样本，实证检验了政府干预对投资过度的影响。余靖雯等[4]根据随机前沿模型估计了中国 A 股制造业上市公司实际的产能过剩程度，并利用2007—2018年的数据，考察了政府补贴对企业产能过剩的影响。政府补贴对企业产能过剩具有正向推动作用，政府补贴占企业总资产比例每增加1个百分点，企业产能过剩水平上升约0.958个百分点。这种影响在国有企业、大规模企业和市场化程度较低地区体现得更为明显。唐雪松等[5]以上市公司（2000—2006）为样本研究地方政府干预与地方国有企业过度投资现象的关系，发现地方政府的补贴式竞争手段与所有

---

① 江飞涛，耿强，吕大国，等. 地区竞争、体制扭曲与产能过剩的形成机理 [J]. 中国工业经济，2012（6）：44-56.

② 于斌斌，蒋倩倩. 土地供给如何影响产能过剩：机制与检验 [J]. 经济社会体制比较，2022（3）：44-56.

③ 程仲鸣，夏新平，余明桂. 政府干预、金字塔结构与地方国有上市公司投资 [J]. 管理世界，2008（9）：37-47.

④ 余靖雯，韩秀华，李一可. 政府补贴与企业产能过剩 [J]. 产业经济评论，2022（5）：130-153.

⑤ 唐雪松，周晓苏，马如静. 政府干预、GDP 增长与地方国企过度投资 [J]. 金融研究，2010（8）：33-48.

权异质性之间存在交互作用。

此外，还有研究从地方政府收益分配比例、经济增长目标压力、环境规制、经济开发区与主导产业政策选择、资本价格扭曲以及税收分成等角度来解释中国式产能过剩问题。

四、区域差距

中国不同区域之间存在较重的发展不平衡，导致不同区域间的要素价格差异较大，进而影响对产能产出的测度。21世纪以来，区域发展不平衡程度以2004年为转折点，呈现先持续较快上升，后平稳缓慢下降的变化过程，影响中国区域发展不平衡的最主要原因是四大区域之间（四大区域是指东部、中部、西部及东部地区）的发展不平衡；其次是四大区域内部的发展不平衡；而更深层次的原因是四大区域之间的产业发展差异大于其各自内部的产业发展差异；就产业而言，产能过剩的工业对中国区域发展不平衡影响最大。为了协调区域经济发展，20世纪90年代末以来，国家先后实施了西部大开发战略、振兴东北地区老工业基地战略、促进中部地区崛起战略，试图解决经济高速增长中所伴随的区域发展不平衡问题。

区域发展的不平衡，导致了不同区域之间的劳动力价格、土地价格及环境成本等要素投入成本的差距较大，有利于落后地区的补贴式竞争，进而导致落后地区工业发展存在明显的成本优势。如果产能测度不考虑区域要素价格差异则会导致不同区域的产能测度偏差。威尔逊[1]（Wilson）认为，特别是资本密集度比较低的落后地区，往往以非常宽松的环保政策、以牺牲环境为代价来获取资本流入和产业转移。对企业环境污染的纵容，会使"两高一资"企业的生产成本严重外部化。周

---

[1] WILSON J D. Theories of Tax Competition [J]. *National Tax Journal*, 1999, 52 (2)：269-304.

中胜和罗正英①以中国 2001—2007 年的上市公司为样本研究发现，财政分权越不充分的地区，其所控制的国有公司和属地民营公司越有可能存在过度投资行为；GDP 增速越慢的地区，其所控制的国有公司和属地民营公司越有可能存在过度投资行为。这表明政府干预和区域差异可能对企业产能过剩产生交互影响。

第三节　中国的产能过剩成因与治理对策

一、中国的产能过剩成因：市场失灵还是要素扭曲

关于中国产能过剩的成因，主要包括市场失灵和要素扭曲两种。江飞涛和曹建海②进行了综述并辨析，认为中国产能过剩的成因主要是要素扭曲。笔者比较赞同江飞涛和曹建海的观点，中国的产能过剩问题，虽然也有市场失灵的原因，但主要源于要素扭曲。这一点在本研究余下的产能过剩成因实证中将得到进一步验证。

二、产能过剩的化解或治理对策

产能过剩的化解或治理对策主要从政府监督、国企改革、开放经济、环境规制、数字经济、技术进步、税收优惠等方面展开。

（1）政府监督方面，吴利学和刘诚③研究表明，地方政府设立行政

---

① 周中胜，罗正英．财政分权、政府层级与企业过度投资：来自地区上市公司面板数据的经验证据［J］．财经研究，2011，37（11）：4-15.

② 江飞涛，曹建海．市场失灵还是体制扭曲：重复建设形成机理研究中的争论、缺陷与新进展［J］．中国工业经济，2009（1）：53-64.

③ 吴利学，刘诚．项目匹配与中国产能过剩［J］．经济研究，2018，53（10）：67-81.

审批中心可以显著提高产能利用率，并且中心设立时间越长、层次越高则效果越强。卞元超和白俊红[1]考察了区域市场整合对企业产能利用率的影响及其内在的传导机制，并采用中国工业企业的微观数据实证分析了其中的影响效应。研究发现，区域市场整合有助于促进企业产能利用率的提升。区域市场整合能够扩大企业产品的市场需求，促进要素的有效供给和资源优化配置，进而对企业的产能利用率提升产生积极作用，即存在市场需求效应和资源配置效应。刘斌和赖洁基[2]利用国有上市公司 2013—2019 年的财务数据，以《公平竞争审查制度》的颁布为切入点，从产能利用率升降的角度实证分析了规制行政垄断与国企去产能的关系。研究发现，规制行政垄断有助于提高国企的产能利用率，当国企处于产能过剩行业时，这种效果尤为显著。渠道检验的结果表明，规制行政垄断有助于切断地方政府的"输血"式补贴和银行的融资便利性，倒逼国企通过出清落后产能和提高投资效率的"造血"方式来应对市场竞争。唐嘉尉和蔡利[3]基于审计署 2010—2018 年发布的中央企业财务收支审计结果公告，以工信部发布的产能过剩行业所属的中央企业控股上市公司为研究对象，考察政府审计对中央企业控股上市公司产能利用率产生的影响以及具体的作用路径。研究结果表明，政府审计功能的发挥能显著提升中央企业控股上市公司的产能利用率，且该提升作用还存在一定的增量效应和威慑效应，当政府审计介入次数越多，中央企业产能利用率越高，当同年度同省份被审计的中央企业越多，未被审计的中央企业的产能利用率越高；政府审计对产能利用率的提升作用有一部

---

① 卞元超，白俊红. 区域市场整合能否提升企业的产能利用率？[J]. 财经研究，2021，47（11）：64-77.

② 刘斌，赖洁基. 破行政垄断之弊能否去产能过剩之势？——基于出台《公平竞争审查制度》的准自然实验 [J]. 财经研究，2021，47（9）：34-47.

③ 唐嘉尉，蔡利. 政府审计、非效率投资与产能利用率提升 [J]. 审计研究，2021（1）：19-30.

分是通过抑制非效率投资促进产能利用率提升。

（2）国企改革方面，马新啸等[1]研究表明，非国有股东参与国有企业高层治理可以缓解国有企业面临的双重委托代理问题，降低过度投资水平和提高经营资产运转效率，进而缓解国有企业的产能过剩现象，表现为产能利用率显著上升。白雪洁和张哲[2]通过实证分析得出，国有企业经过混合所有制改革后，企业的产能利用率得到了显著提升。

（3）开放经济方面，刘磊等[3]利用世界投入产出数据库（WIOD）测算了中国制造业总体及 15 个细分行业 2001—2014 年间的产能利用率和全球价值链地位，并实证分析了全球价值链地位对产能利用率的影响。研究发现，考察期内制造业的产能利用率和全球价值链地位均呈现出先升后降的变化趋势，制造业存在明显的产能过剩。全球价值链地位提升促进了产能利用率的提高，缓解了产能过剩。中介效应检验表明，生产效率和出口贸易是全球价值链地位提升作用于产能利用率的主要渠道。杨振兵和严兵[4]研究表明，对外直接投资（OFDI）对产能利用率的提升具有显著的积极影响；投资到发展中国家的 OFDI 比投资到发达国家的 OFDI 对产能利用率的积极影响效果更强；通过对技术进步与投资替代产生中介效应，提升生产侧的产能利用率，进而对综合产能利用率产生积极影响。毛其淋和杨琦[5]以中国加入 WTO 引致的大幅度中间

① 马新啸，汤泰劼，郑国坚. 混合所有制改革能化解国有企业产能过剩吗？[J]. 经济管理，2021，43（2）：38-55.
② 白雪洁，张哲. 混合所有制改革能有效化解国有企业产能过剩吗[J]. 经济理论与经济管理，2022，42（9）：21-37.
③ 刘磊，步晓宁，张猛. 全球价值链地位提升与制造业产能过剩治理[J]. 经济评论，2018（4）：45-58.
④ 杨振兵，严兵. 对外直接投资对产能利用率的影响研究[J]. 数量经济技术经济研究，2020，37（1）：102-121.
⑤ 毛其淋，杨琦. 中间品贸易自由化如何影响企业产能利用率？[J]. 世界经济研究，2021（8）：32-48，135-136.

品关税减免作为准自然实验，采用倍差法系统考察了中间品贸易自由化对中国制造业产能利用率的影响及其作用机制。研究发现，中间品贸易自由化显著提高了中国制造业企业的产能利用率。渠道检验表明，中间品关税减让能够有效提升企业生产率、激励企业创新行为和提升企业出口效率，这些因素共同推动了企业产能利用率的提升。毛其淋和钟一鸣[1]利用中国制造业企业层面数据系统考察了进口扩张对企业产能利用率的影响及其传导机制。研究发现，最终品进口与中间品进口均显著促进了企业产能利用率的提高，其中，中间品进口的产能利用率提升效应更为显著。机制检验表明，进口扩张通过提高企业生产效率、促进研发创新和增加出口活动渠道促进了企业产能利用率的提升。毛其淋和杨晓冬[2]以中国 2002 年外资管制放松作为准自然实验，采用倍差法系统研究外资开放政策对制造业产能利用率的影响及传导机制。研究发现，外资开放有效提升了同行业内资企业的产能利用率，生产效率、出口扩张和对外直接投资是外资开放影响内资企业产能利用率的重要渠道。

（4）环境规制方面，韩国高[3]考察了环境规制对制造业产能利用率的影响及其具体传导机制。研究表明：环境规制对产能利用率具有显著促进作用，并且通过遵循成本效应和创新补偿效应两个渠道发挥作用，环境规制更多是通过淘汰不满足环境标准的产能来提高产能利用率，而通过加强技术创新创造新的市场需求来提升产能利用率的作用有限。杜威剑[4]在异质性企业框架下引入环境约束与政企合谋因素，考察了国有企

---

① 毛其淋，钟一鸣.进口扩张如何影响企业产能利用率？——来自中国制造业企业的微观证据［J］.世界经济文汇，2022（3）：1-16.

② 毛其淋，杨晓冬.破解中国制造业产能过剩的新路径：外资开放政策的视角［J］.金融研究，2022（7）：38-56.

③ 韩国高.环境规制能提升产能利用率吗？——基于中国制造业行业面板数据的经验研究［J］.财经研究，2017，43（6）：66-79.

④ 杜威剑.环境规制、企业异质性与国有企业过剩产能治理［J］.产业经济研究，2018（6）：102-114.

业过剩产能的形成机理与治理机制。在此基础上，通过改进的生产函数法测度企业层面的产能利用率，并分别采用面板 Tobit 模型与生存分析模型实证检验环境规制对国有企业过剩产能治理的影响。研究结果表明，环境规制不仅能够提升国有企业的产能利用率，同时会提高落后产能企业市场退出的概率，即能够从集约边际与扩展边际两方面实现国有企业的产能治理。杨振兵等[1]利用中央政府设定差异化节能指标这一准自然实验，采用双重差分模型评估了超额节能指标对工业企业产能利用率的影响效果和机制。研究发现，超额节能指标对产能利用率具有积极影响；超额节能指标通过改善全要素生产率进而抑制过度投资在生产侧与消费侧均对产能利用率产生积极影响，且该影响随着指标强度的提升而增加。

（5）数字经济方面，王永进等[2]基于企业柔性的视角，论证了信息化影响企业产能利用率的微观机制：一方面，信息化有助于企业更准确地获得需求信息，并提高"事前"投资效率；另一方面，信息化使企业在"事后"有效地对需求冲击做出反应，从而提高产能利用率。利用世界银行统计的中国 120 个地级市共 12400 家企业调查数据，检验了信息化对企业产能利用率的影响，研究发现，增加企业或地区层面的信息化投资均能显著提高企业的产能利用率。韩国高等[3]在对制造业上市公司年度报告进行文本分析度量企业数字化转型程度的基础上，考察企业数字化转型对企业产能利用率的影响及其机理。研究发现：企业数字化转型显著提升了企业产能利用率；机制分析表明，企业数字化转型主要通过促进技术创新、提升内部控制水平和缓解信息不对称而促进产能利用率提升。

---

[1] 杨振兵，吕祥秋，邵帅，等．超额节能指标政策的工业去产能效应［J］．财贸经济，2021，42（7）：97-113.

[2] 王永进，匡霞，邵文波．信息化、企业柔性与产能利用率［J］．世界经济，2017，40（1）：67-90.

[3] 韩国高，陈庭富，刘田广．数字化转型与企业产能利用率：来自中国制造企业的经验发现［J］．财经研究，2022，48（9）：154-168.

（6）税收优惠方面，马永军等①将 2014 年固定资产加速折旧政策当作一项准自然实验，利用 2010—2018 年我国制造业上市公司数据，运用双重差分（DID）模型实证检验了税收优惠政策对企业产能过剩的影响机制与效果。研究发现，固定资产加速折旧政策不仅具有额外的税收优惠效应，而且可以有效抑制企业产能过剩；该政策通过增加企业研发投入进而抑制企业产能过剩。

（7）技术进步方面，方森辉和毛其淋②构建异质性企业模型，理论分析并以"大学扩招"为准自然实验评估人力资本扩张对企业产能利用率的影响及作用机制。研究发现：人力资本扩张提升了企业产能利用率，拥有近 6.1% 的贡献度，并受企业所有制、融资约束及制度环境的差异化影响；机制分析表明，人力资本扩张主要通过促进出口扩张、推动研发创新和人力资本效率溢出来提升企业产能利用率。

第四节　产能测度理论和方法

测度产能产出的方法主要有调研访谈法、工程测度法、成本函数法和随机前沿模型法，产能利用率通常被解释为企业或者行业在一定时期内的实际产出与产能产出之比。调研产能，主要以麦格劳-希尔指数（McGraw-Hill index）、沃顿指数（Wharton index）和美联储指数（Federal Reserve index）为代表。麦格劳-希尔指数和美联储指数，都依据工厂的调研数据（停工时间、每星期机器运行时间、技术创新进度等）

---

① 马永军，李逸飞，刘畅. 税收优惠政策能否化解制造业企业产能过剩？——一个准自然实验分析［J］. 财经问题研究，2021（6）：91-99.

② 方森辉，毛其淋. 人力资本扩张与企业产能利用率：来自中国"大学扩招"的证据［J］. 经济学（季刊），2021，21（6）：1993-2016.

综合构建企业的生产指数，作为调研产能测度的数据基础。两者虽然方法相似，但最终的调研产能数值却不相同。沃顿指数，则直接利用美联储调研工业生产的 30 个指数，以各个指标的最大值为组合测算产能产出。这三种调研产能指标之间存在较大的不一致性，并且无法进行比较和推广。工程产能，是一种物理的产能产出，依据企业的资本所能生产的最大产出作为产能产出，不考虑中间投入和能源消耗及其价格，比如飞机的最大载客量和企业设备的负荷值。调研产能和工程产能最大的问题在于没有考虑当时的要素价格变化对产能产出的影响。经济产能，由卡斯尔斯①（Cassels）最先提出，依托于可变成本函数、标准化成本函数、广义里昂惕夫成本函数、超越对数成本函数的发展，遵从产能过剩的经济含义，把短期和长期平均成本曲线切点所对应的产出，与短期平均成本最小化所对应的产出，定义为产能产出，进而测度出产能利用率。对于调研产能、工程产能和经济产能，选择哪种作为产能产出呢？卡斯尔斯提倡以经济视角去解释产能产出，认为产能产出应以经济条件为出发点，随经济条件（产品价格和要素成本等）的变化而变化。克莱因②（Klein）也主张以经济视角测度产能产出，但由于当时生产-成本对偶理论尚未形成，无法实现经济产能的测度，退而选择次优的以短期内既定的资本存量所能生产的工程产能作为产能产出。

福斯③（Foss）利用实际用电量与最大可能用电量之间的比率来度

① CASSELS J M. Excess Capacity and Monopolistic Competition [J]. *The Quarterly Journal of Economics*, 1937, 51（3）: 426-443.
② KLEIN L R. Some Theoretical Issues in the Measurement of Capacity [J]. *Econometrica*, 1960, 28（2）: 272-286.
③ FOSS M F. The Utilization of Capital Equipment: Postwar Compared with Prewar [J]. *Survey of Current Bussiness*, 1963, 43（6）: 8-16.

量产能利用水平；贝恩特（Berndt）和莫里森（Morrison）[1] 利用美国二战之后 1958—1977 年的制造业数据，考虑能源价格的冲击，利用对偶理论的成本函数法测度工程产能和经济产能，并把测度的工程产能和经济产能，与调研产能进行比较分析，提倡以经济的视角进行产能利用率测度；加罗法洛（Garofalo）和马尔霍特拉（Malhotra）[2] 利用数据包络分析（DEA）和随机生成前沿方法（SFA）测度了美国渔业的产能产出和产能利用率，并对两种方法进行了比较。国内学者对产能产出和产能利用率测度方法的研究起步较晚。沈利生[3]利用峰值法计算了中国的资本设备利用率；龚刚和杨琳[4]假定一定时期内的用电量与资本服务使用量成固定比例，通过生产函数估算这一比例，并以用电量乘以该比例来代替无法观测的资本服务使用量，求得中国的资本设备利用率；何彬[5]借用龚刚和杨琳的方法计算了 1997—2006 年中国制造业各行业的产能利用率；孙巍等和韩国高等分别利用可变成本函数和标准化可变成本函数对中国制造业 28 个行业的产能产出和产能利用率进行了测算（两者的区别在于有没有考虑原材料与数据年份的不同）；樊茂清[6]运用 1981—2012 年的投入产出时间序列数据，建立二次型可变成本函数模

① BERNDT E R, MORRISON C J. Capacity Utilization Measures: Underlying Economic Theory and an Alternative Approach [J]. *American Economic Review*, 1981, 71（2）: 48-52.

② GAROFALO G A, MALHOTRA D M. Regional Measures of Capacity Utilization in the 1980s [J]. *The Review of Economics and Statistics*, 1997, 79（3）: 415-421.

③ 沈利生. 我国潜在经济增长率变动趋势估计 [J]. 数量经济技术经济研究, 1999（12）: 3-6.

④ 龚刚, 杨琳. 我国生产能力利用率的估算 [D]. 北京: 清华大学中国经济研究中心, 2022.

⑤ 何彬. 基于窖藏行为的产能过剩形成机理及其波动性特征研究 [D]. 长春: 吉林大学, 2008.

⑥ 樊茂清. 中国产业部门产能利用率的测度以及影响因素研究 [J]. 世界经济, 2017, 40（9）: 3-26.

型，测算了中国国民经济 33 个产业部门产能利用率。范林凯[1]基于生产函数理论，进一步扩展成本函数法的产能测度框架，试图解决要素价格水平变化、成本函数形式单一以及内生性问题导致的测度偏差；同时，借鉴生产率分解框架对产能利用率变动来源进行分解。

阿伦茨（Aretz）和波普（Pope）[2] 基于产能过剩非负的前提，通过随机前沿模型将企业现有产能分解为最优产能项和产能过剩项。通过在实物期权模型中控制行业固定效应来捕获不可观测的最优产能决定因素，以递归估计方法确保了产能过剩的估计可以实时计算出来。杨振兵和陈小涵[3]采用随机前沿分析（SFA）方法测度产能利用率，认为其为市场需求水平与潜在生产能力的比值，可由消费侧的产能利用率乘以生产侧的产能利用率计算。

现有的产能产出测度研究大多数是基于行业数据，缺乏行业内的详细微观企业数据，无法体现企业在区域和所有制异质上的差异。比如，相同地区、相同行业的两个企业，所有制性质的不同，产能过剩程度的差异；相同所有制、相同行业的两个企业，所在区域的不同，产能过剩程度的不同。

第五节　述评

首先，中国的产能过剩成因理论的多个视角，包括市场失灵、产权

① 范林凯，吴万宗，余典范，等．中国工业产能利用率的测度、比较及动态演化：基于企业层面数据的经验研究［J］．管理世界，2019，35（8）：84-96.

② ARETZ K, POPE P F. Real Options Models of the Firm, Capacity Overhang, and the Cross Section of Stock Returns［J］. *The Journal of Finance*, 2018, 73（3）：1363-1415.

③ 杨振兵，陈小涵．资本价格扭曲是产能过剩的加速器吗？——基于中介效应模型的经验考察［J］．经济评论，2018（5）：45-59.

性质、政府干预、区域差异和金融抑制等，涵盖了产能过剩形成机理的多种可能性，并依据中国的相关数据计量检验了中国的产权性质、政府干预、区域差异、金融抑制与过度投资之间的正向关系，从而间接地证明了产权性质、政府干预、区域差异和金融抑制与中国的产能过剩之间的成因关系，从理论上和经验上丰富了产能过剩研究的科研成果。但与此同时，繁多的产能过剩成因亦表明学者对中国产能过剩成因的研究亦不成熟，没能达成共识：各种产能过剩成因有待深入的挖掘或精简，例如从中国区域差异来说，区域差异本身并不能导致产能过剩。依据要素价格均衡化定理①，在不同区域要素自由流动的情况下，中国各地区的要素价格将会趋于一致。区域差异之所以作用于产能过剩，是因为要素流动障碍的客观存在，最终导致要素扭曲。

其次，孙巍等和韩国高等依据《中国工业经济统计年鉴》分别采用可变成本函数和标准化可变成本函数测度了中国制造业二分位行业的产能产出，算出了产能利用率，并进行了成因检验，认为固定资产投资是中国制造业产能过剩的直接原因，实现了以成本函数法对中国制造业行业的产能利用率测算。但孙巍等和韩国高等的结论，并不能揭示是市场失灵，还是要素扭曲导致的产能过剩？因为市场失灵和要素扭曲都有可能导致固定资产投资增加，进而引发产能过剩。囿于采用的基础数据为行业数据，导致无法纳入中国产能过剩的系统化成因进行检验。

最后，现有的研究成果给了我们以下进行中国制造业产能过剩成因

① 要素价格均等化（赫-俄-萨定理）（equalization of factor prices）：即 H-O-S 定理。按照赫-俄模型，国际贸易将导致各国生产要素的相对价格和绝对价格趋于均等化，萨缪尔森发展了这一理论，认为要素价格均等化不仅是一种趋势，而且是一种必然，国际贸易将使不同国家间同质生产要素的相对和绝对收益必然相等，故被称为 H-O-S 定理。该命题隐含的启示为：国际贸易同国际投资之间存在替代关系，即自由贸易越是发展，国际投资与国际要素流动的必要性越是减弱，因此，前者使国家间同种要素的相对报酬甚至绝对报酬均等化。

检验的方向和方法层面的启示：①虽然西方国家的学者对产能过剩的成因进行了一些检验，但结论不一致甚至相反，表明产能过剩的成因在不同国家或不同行业并不相同，表明针对中国的产能过剩成因存在特殊性，需要以中国的数据进行实证检验，而不能直接套用西方的研究结论。②现有的关于所有权异质性、政府干预、区域差异和金融抑制与企业过度投资之间的相关实证研究成果表明，对中国产能过剩的成因检验需要考虑企业的产权异质、所在区域的不同、所属地方政府干预程度的不同以及来自银行信贷的不同等。借鉴现有的相关文献，企业的产权异质，可以设置国有和私有等产权虚拟变量；企业所在的区域差异，可以设置区域（比如东部、中部、西部及东北地区）的虚拟变量或以各省的市场化进程指数进行衡量；对于政府干预和金融抑制下的信贷配给，可以考虑企业的政府补贴和贷款额度等进行衡量；另外，需要考虑产权异质与政府干预之间的交互项、区域差异与政府干预之间的交互项、产权异质与金融抑制之间的交互项等。③产能过剩研究的趋势：理论的微观化和证伪性标准，落脚于微观企业的要素窖藏；对中国制造业的产能过剩成因实证最好以微观企业数据为基础，才能实现产能过剩的正确测度和成因实证。比如，以分行业的数据进行研究，则会消除来自企业产权差异、区域经济差异、金融市场差异及政企关系差异等导致的企业层面的产能过剩。④中国特殊的产能过剩成因，虽然丰富了产能过剩成因理论，但仍有待进一步深入系统地进行成因检验。总体而言，中国的产能过剩成因研究还不成熟：成因理论研究虽然丰富，但缺乏成因实证检验，有待构建一个综合性的、纳入要素扭曲成因的、可实证的理论分析框架。

第二章

所有制异质、晋升激励与中国的产能过剩：基于 DSGE 理论框架

现有的产能过剩成因理论研究，不管是"市场失灵说"还是"要素扭曲说"，主要的分析方法都是基于局部均衡的博弈分析框架，没有考虑中国居民在产能过剩成因中的作用。采用局部均衡框架研究中国的产能过剩成因，主要存在以下缺陷与不足：首先，局部均衡框架不能抓住中国产能过剩成因的关键。局部均衡框架一般都是以地方政府的补贴式竞争的视角来研究中国的产能过剩成因，无法纳入居民部门。然而，产能过剩，对于企业、银行和地方政府来说，是激励相容的结果，与产能过剩的本质不符：资源误置导致的福利损失，即局部均衡框架没有找到产能过剩引发的福利损失的承担者，忽视了居民在中国产能过剩成因中为企业提供扩产资金的重要作用。其次，局部均衡框架以代表性企业作为分析基础，而中国的产能过剩主要集中于满足增长异质性的行业，由此表明局部均衡框架无法反映不同行业之间产能过剩程度的不同。为此，笔者首次运用动态随机一般均衡（DSGE）模型，纳入家庭的行为以反映中国居民在中国的产能过剩成因中的重要作用。

相对于局部均衡分析来说，DSGE 模型具有的优点在于：（1）纳入了家庭部门在中国产能过剩成因中的传导作用，实现了家庭部门对中国产能过剩成因传导的理论分析，体现了家庭部门在产能过剩中的福利损失。（2）反映了产能过剩行业的增长异质性，而局部均衡分析只能以

代表性行业进行分析。（3）运用 DSGE 分析中国的产能过剩成因带来了理论认识上的创新：中国的产能过剩问题是一个发展中国家的二元经济问题，中国家庭部门的预防性储蓄和追赶性储蓄，为企业提供了扩产所需的资金，农村的剩余劳动力为企业扩产提供了工资不变的劳动，加上国内消费需求不足，最终形成产能过剩。（4）理论上实现了产能过剩与出口之间的关系联结。过剩的产能只能通过出口进行化解，这为第五章要素扭曲下过剩产能的出口效应研究埋下了伏笔。

本章结构具体安排如下：第一节是 DSGE 模型的构建与求解，第二节是所有制异质、晋升激励与中国的产能过剩形成机理，第三节是小结。

第一节　DSGE 模型的构建与求解

动态随机一般均衡模型起源于基德兰德（Kydland）和普莱斯考特（Prescott）① 倡导的真实经济周期模型进行了拓展，添加了不完全竞争、名义黏性和外生冲击等因素，采用校准法、贝叶斯估计、极大似然估计或最小距离估计法等，定量考察上述因素的重要性及其对宏观经济动态特征的刻画程度。

在新凯恩斯动态随机一般均衡模型中，由于价格与工资黏性会导致资源的无效率配置，潜在产出被定义为既定偏好、技术和信息结构等实际因素约束下价格与工资能灵活变动时的产出，又因此时的通货膨胀处

---

① KYDLAND F E, PRESCOTT E C. Time to Build and Aggregate Fluctuations [J]. Econometrica, 1982, 50 (6): 1345-1370.

于长期均衡值，既不会上升也不会下降，与弗里德曼[1]等提出的"自然率（Natural Rate）"概念接近，又被看作非加速通胀失业率下的产出。伍德福德[2]（Woodford）借鉴维克塞尔[3]（Wicksell）的思想，将这种产出定义为自然产出（Natural Output），并指出，它是各种实际黏性约束下的有效产出（Efficient Output）。依据伍德福德对产出的相关定义，我们可以把市场失灵引发的产能过剩，划分为真实黏性产能过剩和名义黏性产能过剩。真实黏性产能过剩源于产品的垄断竞争和人力资本异质性导致的真实价格刚性和真实工资刚性，依据自然率的概念，真实黏性产能过剩属于自然性产能过剩；而名义黏性产能过剩则源于名义价格黏性、名义工资黏性等名义变量的延滞性调整，并把所有制异质和晋升激励引发的产能过剩，称为要素扭曲性产能过剩。

基于上述研究背景与中国现实，构建新凯恩斯动态随机一般均衡模型，主要特点为：

第一，本研究主要关注产能过剩的要素扭曲成因[4]，把现有的要素扭曲成因归结为所有制异质和晋升激励，以克服产能过剩成因的繁杂，并落脚于补贴式竞争。

第二，考虑了晋升激励对代表性家庭的消费影响，主要方法是在代表性家庭的效用函数中纳入基于土地财政的住房投资决策与公共品供给等晋升激励的手段，考虑晋升激励对代表性家庭消费和储蓄的影响，进而考察家庭储蓄的变化对中间品生产企业的投资影响。

---

① FRIEDMAN M. The Role of Monetary Policy [J]. *The American Economic Review*, 1968, 58（1）：1-17.

② WOODFORD M. *Interest and Prices：Foundations of a Theory of Monetary Policy* [M]. Princeton：Princeton University Press, 2003.

③ WICKSELL K. *Interest and Prices* [M]. Auburn：Ludwig von Mises Institute, 1898.

④ 虽然市场失灵导致的产能过剩也可能存在，但产能过剩的要素扭曲成因研究，是对产能过剩理论和经验是很好的补充。

第三，假定产能过剩行业（中国的制造业）属于中间品生产部门，划分代表性中间品生产者为国有企业和私有企业，纳入所有制异质和晋升激励下的产值最大化目标。

第四，在 DSGE 模型中引入资本调整成本，考虑在名义价格黏性下的调整成本导致的名义黏性产能过剩。

第五，在 DSGE 的稳态条件下，解析家庭和中间品生产者最优化决策的相关参数要求，并把稳态下的相关参数要求与中国的实际情况进行对比，进行稳态的扩展分析。

一、DSGE 模型

本研究构建的 DSGE 模型主要借鉴了以下三方面的研究成果：一是综合斯梅茨（Smets）和武泰（Wouters）[1]、克里斯蒂亚诺（Christiano）等[2]采用的货币供给调控经济的新凯恩斯动态随机一般均衡模型，纳入了八类经济体：代表性家庭、代表性完全竞争的最终产品生产者、代表性垄断竞争的中间品生产者、代表性完全竞争的资本品生产者、银行、省级政府、中央政府与货币当局；二是依据李春吉等[3]和陈彦斌等[4]，采用对数形式的效用函数，纳入持有自有住房或租房的住房投资决策与

[1] SMETS F, WOUTERS R. Shocks and Frictions in US Business Cycles: A Beyesian DSGE Approach [J]. *The American Economic Review*, 2007, 97 (3): 586-606.

[2] CHRISTIANO L, EICHENBAUM M, EVANS C. Nominal Rigidities and the Dynamic Effects of a Shock to Monetary Policy [J]. *Journal of Political Economy*, 2005, 113 (1): 1-45.

[3] 李春吉，孟晓宏. 中国经济波动：基于新凯恩斯主义垄断竞争模型的分析 [J]. 经济研究，2006，41 (10): 72-82.

[4] 陈彦斌，邱哲圣. 高房价如何影响居民储蓄率和财产不平等 [J]. 经济研究，2011，(10): 25-38.

政府提供的公共品；三是借鉴李成等[①]的做法，在新凯恩斯动态随机一般均衡模型中引入需求偏好冲击、真实货币余额冲击、技术增长率冲击和贸易顺差冲击。

（一）家庭

假定不考虑人口数量的变化，所有家庭构成测度为 1 的连续统（continuum of measure unity），代表性家庭最大化如下无限期界的期望效用函数：

$$E_t \sum_{t=0}^{\infty} \beta^t u_t \tag{2.1}$$

其中 t 期效用函数形式为：

u_t $(C_t, d_t, H_{t+1}, M_t/P_t, N_t) = a_t \ln C_t + \gamma_h \ln$ $((1-\psi) d_t + H_{t+1}) +$ $\gamma_\chi \ln (\chi_{jt}) + \gamma_m e_t \ln (M_t/P_t) - \eta N_t$

家庭预算约束为：

$P_t C_t + T_t + r_{rent} P_{th} d_t + P_{th} H_{t+1} + \tau P_{th} H_t + D_{t+1} + M_t \leq M_{t-1} + \Gamma_t + (1+R_{nt}) D_t +$ $W_t N_t + (1-\delta_h) P_{th} H_t$ $\qquad \forall t = 0, 1, 2, \cdots \tag{2.2}$

效用函数中变量的含义分别是 C_t：家庭住房之外的实际消费，M_t/P_t：家庭持有的实际货币余额，N_t：家庭劳动供给，d_t：家庭租用住房数量，H_{t+1}：家庭自有住房数量，χ_{jt}：代表性家庭所在的省级政府 j 提供的公共物品，γ_h、γ_χ、γ_m：住房消费、公共品供给和实际货币余额对家庭效用的贡献度，a_t：偏好冲击，e_t：实际货币需求冲击，$1-\psi$：1 单位租用房产生的效用折算成单位自有住房的等价效用 $[\psi \in (0, 1)]$，即同等住房单位下的自有住房的效用高于租用住房，租房市场之所以存在源于房地产市场的摩擦因素，比如租房的租金、自有住房的首付比例、市场商品房供给的面积不可分等，假设居民住房消费 $d_t H_{t+1} = 0$，表

① 李成，马文涛，王彬．通货膨胀预期与宏观经济稳定：1995—2008——基于动态随机一般均衡模型的分析［J］．南开经济研究，2009（6）：30-53．

示家庭每期可以选择租房或者拥有自己的住房，但是只能选择其一。家庭不能拥有多套住房，也不能将自己的住房用于出租，有房者改变住房大小的唯一方式就是先卖出原有住房再购买新的住房。这样不必对二套住房进行建模，就能生成足够强的投资性住房需求：住房实物资本以 δ_h 的年率折旧，却以 g_{hp} 的年率升值。此外，基于中国城乡二元与劳动力市场缺乏弹性的事实，假定代表性家庭的劳动供给以线性形式进入效用函数，代表性家庭的劳动供给边际负效应不变。

　　在家庭部门的预算约束方程（2.2）中，方程不等式右边表示家庭第 t 期的各种收入来源，各个符号的含义分别为 t-1 期末持有的名义货币余额 M_{t-1}、t 期代表性家庭从中间品生产企业中得到的名义红利报酬 Γ_t、t 期初持有的银行存款的本息收入（1+R_{nt}）D_t（R_{nt} 为银行存款名义利率）、第 t 期的劳动收入 W_tN_t（W_t 为名义工资）、第 t 期可支配的折旧之后的住房现值（1-δ_h）$P_{th}H_t$。方程不等式左边表示 t 期的资产运用，各符号的含义分别为 t 期购买的除住房消费之外的实际消费额 C_t（其名义价格为 P_t）、一次性总税收 T_t、居民租用房的房租支出 $r_{rent}P_{th}d_t$、购买用于 t+1 期居住的自有住房支出 $P_{th}H_{t+1}$、变现现有的住房财富所付出的交易成本 $\tau P_{th}H_t$、持有的银行储蓄存款额 D_{t+1}、持有的名义货币余额 M_t。

　　模型中假设 $m_t=M_t/P_t$ 为家庭 t 期持有的实际货币余额，$\pi_t=P_t/P_{t-1}$ 为 t 期的消费者面临的通货膨胀率。在效用函数中引入遵循自回归过程的偏好冲击和实际货币需求冲击可分析这两种冲击引起的产能利用率的动态波动效应。

　　（二）最终产品生产者

　　在每一期 t=0，1，2…最终产品生产商投入连续统［0，1］上的第 i 种名义价格为 $P_t(i)$ 的中间产品 $Y_t(i)$（$i\in$［0，1］）生产最终产品 Y_t，生产函数为规模报酬不变的 CES 函数，最终产品生产者的生产函数表示如下：

$$Y_t = \left\{ \int_0^1 \left[Y_t(i) \right]^{(\theta-1)/\theta} di \right\}^{\theta/(\theta-1)}$$

这里，$\theta>1$ 为每种中间品 i 的需求价格弹性，它反映了中间品市场在最终产品需求市场的竞争程度。

t 期国内最终产品生产者选择第 i 种中间品的最优投入量 $Y_t(i)$ 来实现利润最大化，其一阶条件为：

$$Y_t(i) = \left[P_t(i)/P_t \right]^{-\theta} Y_t \qquad \forall t = 0, 1, 2, \cdots$$

由于假设最终产品生产者是完全竞争的，在均衡时获得的平均利润为零，得出 t 期的最终产品价格水平 P_t 等于所有中间品价格 $P_t(i)$ 的加权平均，表示如下：

$$P_t = \left[\int_0^1 P_t(i)^{1-\theta} di \right]^{1/(1-\theta)}$$

（三）中间品生产者

假定在每期 $t=0, 1, 2\cdots$中间品市场为垄断竞争市场，中间品生产者通过购买资本和雇佣劳动来生产差异化的产品 i，假设生产技术为规模报酬不变与劳动市场完全竞争，中间产品 i 由中间产品生产商 i 生产，生产函数为：

$$Y_t(i) = \left[A_t L_t(i) \right]^b K_t(i)^{1-b}$$

其中，A_t 为技术水平，$L_t(i)$ 为劳动力需求，$K_t(i)$ 为资本存量，b 为劳动的产出弹性。

由于产品的不完全替代，中间产品市场是垄断竞争市场，企业是价格决定者，但是产品的价格必须满足最终产品生产企业的需求，面临着价格的调整成本。假设价格的调整成本函数，依赖最终产品生产商的需求，遵循罗滕伯格[①]（Rotemberg）的二次型函数形式：

---

① ROTEMBERG J J. Sticky Prices in the United States [J]. *Journal of Political Economy*, 1982, 90 (6): 1187-1211.

$$\frac{\varphi}{2}\left[\frac{P_t(i)}{\pi P_{t-1}(i)}-1\right]^2 P_t Y_t$$

其中，φ 是调整成本参数，π 为稳态通货膨胀。由于二次函数形式的价格调整成本函数是动态的，因此中间品生产者的最优决策动态化。在 P_t 和 Y_t 给定和没有晋升激励的补贴式竞争的情况下，私有的中间品生产者每期 t 选择 $P_t(i)$ 来最大化以边际效用贴现的企业预期净现值，最大化目标函数如下：

$$E_t \sum_{t=0}^{\infty} \beta^t \lambda_t \left[\Gamma_t(i)/P_t\right]$$

考虑所有制异质下，国有企业的目标为利润最大化和产值最大化的加权（王曦，2005），纳入晋升激励下的补贴式竞争对企业生产规模的影响，中间品生产者 t 期的企业净现值（NPV）为：

$$\Gamma_t(i) = s_t \left[P_t(i)Y_t(i) + P_t Q_t(1-\delta)K_t(i) - W_t N_t(i) - P_t R_{kt}\right.$$

$$Q_{t-1}K_t(i)\left.\right] - \frac{\varphi}{2}s_t\left(\frac{P_t(i)}{\pi P_{t-1}(i)}-1\right)^2 P_t Y_t + \Pi_{jt} + (1-s_t)P_t(i)Y_t(i) \qquad (2.3)$$

其中，Q_t 为资本相对总体价格水平 P_t 的价格，δ 为折旧率，R_{kt} 为实际资本收益率，s_t 为企业市场化性质的显著程度，$s_t \in [0,1]$。当 $s_t = 1$ 时，表示企业为完全的私有企业，当 $s_t = 0$ 时，企业为完全的国有企业，s_t 越大，企业的市场化程度越高。Π_{jt} 为地方政府对代表性中间品生产者的资金补贴，$\Pi_{jt} = s_{ijG}P_t(i)Y_t(i)$（备注：$s_{ijG}$ 为补贴乘数，即省级政府 j 的政策性资金补贴带来的产值目标额）。

在每期期末，中间品生产者购买下一期的资本，使用的资金来源于净资产 Nf_t（自有资金）和银行贷款 B_t，满足如下融资预算式：

$$Q_{t-1}K_t(i) = Nf_t + B_t/P_{t-1} \qquad (2.4)$$

由于信贷市场信息不对称，银行需承担贷款风险，贷款利率必高于经济中的无风险利率，定义外部融资溢价 S_t：

$$S_t = E_t R_{kt+1}/E_t(R_{nt+1}/\pi_{t+1}) \qquad (2.5)$$

R_{nt+1} 代表无风险利率。R_{kt} 为前面提到的实际资本回报率，按照新古典边际决策原则，当资本需求量最优时，实际资本回报率与实际融资成本（贷款利率）相等。融资溢价还受到财务杠杆的影响，当负债比例高时，可用于贷款抵押的净资产比率小，银行必提高融资溢价，得到融资溢价 S_t 的另一个表达式：

$$S_t = (Q_t K_{t+1} / Nf_{t+1})^{\nu} \qquad (2.6)$$

ν 为外部融资溢价 S_t 对总资产 $Q_t K_{t+1}$ 与净资产 N_{t+1} 之比的弹性，式（2.6）借鉴了伯南克等① （Bernanke et al.）的思想。净资产 Nf_{t+1} 的演化路径为：

$$Nf_{t+1} = wo \left[R_{kt} Q_{t-1} K_t - E_{t-1} R_{kt} (Q_{t-1} K_t - Nf_t) \right] \qquad (2.7)$$

其中，wo 为每期存活的概率，生命有限，老的死亡，新的随之进入，这种设定避免了因中间品生产者积累足够净资产而影响金融加速器机制的运行。式（2.7）表示在 t+1 期初的净资产是从 t-1 期存活下来的中间品生产者的预期净资产。式（2.3）-式（2.7）综合起来，即为伯南克等提出的"金融加速器（financial Accelerator）"：当经济面对一个有利的生产力冲击时，资产价格出现非预期的上涨，增加中间品生产者的净资产，促使外部融资溢价降低，资本品需求增大，推动资产价格的进一步上升，放大前面的效应，导致经济波动随之放大。

（四）资本品生产者

在资本品市场，存在许多竞争性生产厂商，将其单位化为测度为 1 的连续统。最终产品生产之后，第 t 期资本品生产商 i 购买生产要素 [投资品 I_t (i) 和资本品 K_t (i)]，生产新资本品 K_{t+1} (i)，并在 t 期以 Q_t 的价格出售。资本品的利润函数为：

---

① BERNANKE B S, GERTLER M, GILCHRIST S. The Financial Accelerator in a Quantitative Business Cycle Framework [J]. *Handbook of Macroeconomics*, *Elsevier*, 1999, 1: 1341-1393.

$$Q_t K_{t+1} \ (i) \ -I_t \ (i) \ -r_t K_t \ (i) \tag{2.8}$$

其中：

$$K_{t+1} \ (i) \ = \ (1-\delta) \ K_t \ (i) \ -\Phi \ (\frac{I_t \ (i)}{K_t \ (i)}) \ K_t \ (i) \tag{2.9}$$

$$I_t \ (i) \ = \Phi \ (\frac{I_t \ (i)}{K_t \ (i)}) \ K_t \ (i) \tag{2.10}$$

$$\Phi' \ (.) \ >0, \ \Phi'' \ (.) \ <0, \ \Phi \ (0) \ = 0, \ \Phi \ (\frac{I}{K}) \ = \frac{I}{K} \tag{2.11}$$

r_t 为资本品生产者从中间品生产者租赁资本的价格，δ 为资本折旧率，$\Phi \ (.)$ 为递增的凹函数，表示资本的调整成本是递增的；式（2.9）是资本的积累方程；式（2.10）是投资 $I_t \ (i)$ 的生产函数，最优的投资 $I_t \ (i)$ 满足如下的条件：

$$Q_t \Phi' \ (\frac{I_t}{K_t}) \ = 1 \tag{2.12}$$

（五）银行

银行的设定在汤森[①]（Townsend）基础上进行扩展。银行为完全竞争市场，以固定的无风险利率从家庭吸收储蓄，按照风险利率将等量的资金贷给中间品生产者，承担因信息不对称带来的贷款损失，并且每期从利润中计提 Λ_t 作为贷款损失准备金，其利润函数为：

$$\Pi_{bt} = \ (1+R_{kt}) \ \pi_t B_t - \ (1+R_{nt}) \ D_t -\Lambda_t \tag{2.13}$$

其中：$B_t = D_t$ （2.14）

银行之间的竞争会使其利润为零，即 $\Pi_{bt} = 0$。

---

① TOWNSEND R. Optimal Contracts and Competitive Models with Costly State Verification [J]. Journal of Economic Theory, 1979, 21 (2)：265-293.

（六）省级政府、中央政府与货币当局

1. 省级政府

按照中国省份的划分，省级政府 j 取值为省份和直辖市的数值，支出包括行政费用、提供公共品和进行产业扶持政策的生产性支出，地方政府的收入来源于一次性总税收的份额、土地财政收入及中央对地方的转移支付等。第 j 个省级政府公共品支出的预算约束为：

$$P\chi_{jt} + \Pi_{jt} \leqslant \varphi_{gov} T_t + (1-\varphi) P_{th} h_{t+1} + Tr_{jt} - AC_{tgov} \qquad (2.15)$$

在政府部门的约束不等式（2.15）中，各个符号的含义分别为地方政府的公共品支出总额 $P\chi_{jt}$、地方政府对代表性中间品生产者的资金补贴 Π_{jt}、地方政府的税收中来自代表性家庭贡献额 $\varphi_{gov} T_t$、地方政府来源于房地产开发的土地财政收入 $(1-\varphi) P_{th} h_{t+1}$（$\varphi$ 为房地产开发中支付给地产商的份额）、地方政府获得的来自中央政府的平摊到每个省级政府的财力性转移支付和税收返还 Tr_{jt}、地方政府的行政费用支出平摊到每个家庭的份额 AC_{tgov}。

2. 中央政府

中央政府执行财政政策和货币政策调控经济，以征收一次性税收分成比额 $(1-\varphi_{gov}) T_t$，进行中央对地方政府的转移支付 Tr_t 并发行货币 M_t/P_t 为政府购买 G_t 融资。该设定来自伯南克等（1999）：

$$G_t = \frac{M_t - M_{t-1} - Tr_t}{P_t} + (1-\varphi_{gov}) T_t \qquad (2.16)$$

3. 货币当局

依据中国存贷市场利率管制和银行间同业拆借利率为市场调节利率的特点，借鉴安（An）和夫海德（Schorfheide）[1] 的利率反馈形式的货币规则：

---

① AN S, SCHORFHEIDE F. Bayesian Analysis of DSGE Models [J]. *Econometric Reviews*, 2007, 26 (2-4)：113-172.

$$r_{nt} = r_{nt}^{*(1-\rho_r)} r_{nt-1}^{\rho_r} e^{\varepsilon_n}$$

其中，r_{nt} 为货币市场名义利率，r_{nt}^* 是货币当局的名义目标利率，e 为自然指数，ε_{rt} 为利率调整的货币政策冲击，假定它服从均值为零、方差为 σ_r 的序列无关的正态分布。依据中央银行的利率政策操作的滞后性和利率规则包含货币的特点，定义 r_t^* 为中央银行对观察到的上期产出、通货膨胀和名义货币余额增长偏离其稳态的反应，基本形式如下：

$$r_{nt}^* = R_n (Y_{t-1}/Y)^{\rho_y} (\pi_{t-1}/\pi)^{\rho_\pi} (\mu_{t-1}/\mu)^{\rho_\mu}$$

其中，R_n、Y、π、μ 分别为稳态的利率、产出、货币增长和通货膨胀，ρ_y、ρ_π、ρ_μ 为中央银行目标利率对产出、通货膨胀和货币余额增长偏离稳态的反映系数，名义货币余额增长为 $\mu_t = M_t/M_{t-1}$。归纳起来，货币当局执行如下的货币政策：

$$\ln r_{nt}/R_n = \rho_r \ln (r_{nt-1}/R_n) + (1-\rho_r) [\rho_y \ln (Y_{t-1}/Y) + \rho_\pi \ln (\pi_{t-1}/\pi)$$
$$+ \rho_\mu \ln (\mu_{t-1}/\mu)] + \varepsilon_{rt} \tag{2.17}$$

（七）经济总体资源约束与外生冲击

考虑进出口对产能过剩的影响，依据李浩和钟昌标[①]思路，引入贸易顺差 NX_t，经济的总体资源约束如下：

$$Y_t = C_t + H_t + X_t + I_t + G_t + NX_t \tag{2.18}$$

其中，Y_t 为基于最终产品需求的国内生产总值，C_t 为居民的其他消费需求，H_t 为居民的住房消费需求，X_t 为省级政府提供的公共品消费，I_t 为中间品生产引发的对最终产品的投资需求，G_t 为中央政府对最终产品的购买，NX_t 为最终产品的净出口额。

在模型中，资产价格除了是金融加速器机制的核心要素之外，还可能反映潜在技术增长率的预期，因此，引入技术增长率冲击，并对主要

---

① 李浩，钟昌标. 贸易顺差与中国的实际经济周期分析：基于开放的 RBC 模型的研究 [J]. 世界经济，2008（9）：60-65.

的宏观经济变量进行如下的变换：

$$c_t = \frac{C_t}{A_t}, \quad w_t = \frac{W_t}{A_t P_t}, \quad y_t = \frac{Y_t}{A_t}, \quad i_t = \frac{I_t}{A_t}, \quad g_t = \frac{G_t}{A_t}, \quad h_t = \frac{H_t}{A_t},$$

$$x_t = \frac{\chi_t}{A_t}, \quad nx_t = \frac{NX_t}{A_t}, \quad k_t = \frac{K_t}{A_{t-1}}, \quad nf_t = \frac{Nf_t}{A_{t-1}}, \quad z_t = \frac{A_t}{A_{t-1}}$$

Z_t 为生产率冲击，代表总供给冲击，遵循自回归过程：

$$\ln(Z_t) = (1-\rho_z)\ln(z) + \rho_z\ln(Z_{t-1}) + \varepsilon_{zt} \tag{2.19}$$

其中，$0<\rho_z<1$，z 为稳态的生产率冲击。ε_{zt} 为零均值、标准差为 σ_z 且序列无关的正态分布。

假定偏好冲击 a_t、实际货币需求冲击 e_t 和贸易顺差冲击 NX_t 遵循一阶自回归过程：

$$\ln(a_t) = (1-\rho_a)\ln(a) + \rho_a\ln(a_{t-1}) + \varepsilon_{at} \tag{2.20}$$

$$\ln(e_t) = (1-\rho_e)\ln(e) + \rho_e\ln(e_{t-1}) + \varepsilon_{et} \tag{2.21}$$

$$\ln(NX_t) = (1-\rho_{NX})\ln(NX) + \rho_{NX}\ln(NX_{t-1}) + \varepsilon_{NXt} \tag{2.22}$$

为了使冲击收敛到稳态，理论上要求自回归系数 $0 \leqslant \rho_a \leqslant 1$，$0 \leqslant \rho_e \leqslant 1$，$0 \leqslant \rho_{NX} \leqslant 1$，冲击自回归方程中的 a、e、NX 分别是稳态偏好冲击、稳态实际货币需求冲击、稳态实际净出口冲击。随机冲击 ε_{at}、ε_{et} 和 ε_{NXt} 服从零均值、标准差为 σ_a、σ_e 和 σ_{NX} 且序列无关的正态分布。

二、DSGE 稳态

(一) 代表性家庭部门的最优化决策

依据代表性家庭部门的目标函数和预算约束条件，代表性家庭的最优化决策问题，可转化为如下的值函数表示的随机动态规划问题来求解：

$$V(M_{t-1}, P_{th}, h_t) = \max\{u_t(C_t, d_t, H_{t+1}, M_t/P_t, N_t) + \beta EV$$
$$(M_t, P_{t+1h}, H_{t+1})\}$$

$$u_t \ (C_t, \ d_t, \ H_{t+1}, \ M_t/P_t, \ N_t) = a_t \ln C_t + \gamma_h \ln \ [\ (1-\psi) \ d_t + H_{t+1}] \ +$$
$$\gamma_\chi \ln \ (\chi_{jt}) \ + \gamma_m e_t \ln \ (M_t/P_t) \ - \eta N_t$$

$$st. \ P_t C_t + T_t + r_{rent} P_{th} d_t + P_{th} H_{t+1} + \tau P_{th} H_t + D_{t+1} + M_t \leq M_{t-1} + \Gamma_t + (1+R_{nt}) \ D_t$$
$$+ W_t N_t + (1-\delta_h) \ P_{th} H_t \qquad\qquad \forall t = 0, \ 1, \ 2, \ \cdots$$

代表性家庭部门选择消费 C_t、家庭租用住房数量 d_t、劳动供给 N_t、家庭自有住房数量 H_{t+1}、名义货币余额 M_t，并依据 t+1 期的家庭住房价格 P_{t+1h}，对该动态规划问题求解得到如下一阶条件：

$$\frac{\partial V}{\partial C_t} = a_t/C_t - \lambda_t = 0 \qquad\qquad (2.23)$$

$$\frac{\partial V}{\partial d_t} = \gamma_h \ (1-\psi) \ / \ [\ (1-\psi) \ d_t + H_{t+1}] \ - \lambda_t r_{rent} P_{th}/P_t = 0 \qquad (2.24)$$

$$\frac{\partial V}{\partial N_t} = -\eta + \lambda_t W_t/P_t = 0 \qquad\qquad (2.25)$$

$$\frac{\partial V}{\partial H_{t+1}} = \gamma_h / \ [\ (1-\psi) \ d_t + H_{t+1}] \ - \lambda_t P_{th}/P_t + \beta E_t \lambda_{t+1} \ (1-\tau-\delta_h) \ P_{t+1h}/$$
$$P_{t+1} = 0 \qquad\qquad (2.26)$$

$$\frac{\partial V}{\partial M_t} = \gamma_m e_t/M_t - \lambda_t/P_t + \beta E_t \lambda_{t+1}/P_{t+1} = 0 \qquad\qquad (2.27)$$

$$\frac{\partial V}{\partial P_{t+1h}} = -\beta E_t \lambda_{t+1} \ [r_{rent} d_{t+1} + H_{t+2} - (1-\delta_h-\tau) \ H_{t+1}] \ /P_{t+1} = 0 \quad (2.28)$$

其中，λ_t 分别是约束方程（2.2）式的拉格朗日乘子。家庭消费跨期最优化，必须满足：

$$\frac{a_t}{C_t} = \beta E_t \frac{a_{t+1} R_{nt+1}}{C_{t+1} \pi_{t+1}} \qquad\qquad (2.29)$$

（二）中间品生产企业最优化价格决策

代表性垄断竞争企业选择产品价格 $P_t \ (i)$ 来最大化以边际效用贴现的企业预期净现值。依据代表性垄断竞争的中间品生产企业的目标函数和约束条件，代表性中间品生产者的最优化决策问题，可转化为如下的值函数表示的随机动态规划问题来求解：

$$V\left[P_{t-1}\left(i\right)\right] = \max\left\{\lambda_t\Gamma_t\left[N_t\left(i\right), K\left(i\right), P_t\left(i\right)\right]/P_t + \beta EV\left[P_t\left(i\right)\right]\right\}$$

$$\Gamma_t\left(i\right) = s_t\left[P_tQ_t\left(1-\delta\right)K_t\left(i\right) - W_tN_t\left(i\right) - P_tR_{kt}Q_{t-1}K_t\left(i\right) - \frac{\varphi}{2}\right.$$

$$\left.\left(\frac{P_t\left(i\right)}{\pi P_{t-1}\left(i\right)}-1\right)^2 P_tY_t\right] + \left(1+s_{tjG}\right)P_t\left(i\right)Y_t\left(i\right)$$

$$st. Y_t\left(i\right) = \left[P_t\left(i\right)/P_t\right]^{-\theta}Y_t \text{（需求函数）}$$

$$Y_t\left(i\right) = \left[A_tL_t\left(i\right)\right]^bK_t\left(i\right)^{1-b} \text{（供给函数）}$$

代表性垄断竞争的中间品生产者选择中间品价格 $P_t\left(i\right)$，对该动态规划问题求解得到如下一阶条件：

$$\frac{\partial V}{\partial N_t\left(i\right)} = -s_t\lambda_tW_t/P_t + \xi_tbY_t\left(i\right)/N_t\left(i\right) = 0 \tag{2.30}$$

$$\frac{\partial V}{\partial K_t\left(i\right)} = s_t\lambda_t\left[Q_t\left(1-\delta\right) - R_{kt}Q_{t-1}\right] + \xi_t\left(1-b\right)Y_t\left(i\right)/K_t\left(i\right) = 0 \tag{2.31}$$

$$\frac{\partial V}{\partial P_t\left(i\right)} = -\lambda_ts_t\varphi\left(\frac{P_t\left(i\right)}{\pi P_{t-1}\left(i\right)}-1\right)\frac{1}{\pi P_{t-1}\left(i\right)}Y_t + \lambda_t\left(1+s_{tjG}\right)\left(1-\theta\right)$$

$$\left[P_t\left(i\right)/P_t\right]^{-\theta}Y_t/P_t + \xi_t\theta\left(\frac{P_t\left(i\right)}{P_t}\right)^{-\theta-1}Y_t/P_t + \beta\varphi s_tE_t\lambda_{t+1}\left[\frac{P_{t+1}\left(i\right)}{\pi P_t\left(i\right)}-1\right]$$

$$\frac{P_{t+1}\left(i\right)}{\pi}P_t\left(i\right)^{-2}Y_{t+1} = 0 \tag{2.32}$$

（三）DSGE 模型的系统一般均衡

根据前面的一阶最优化条件和各种定义式（2.1）-（2.32），可确定模型的稳态。假设目标通货膨胀率为 π，资产价格 Q 是相对总体价格水平 P_t 而言的，可理解为 Tobin's Q，对应的稳态值为1。将前面变换

后的小写字母变量 y_t，c_t，i_t，g_t，h_t，x_t，nx_t，k_t，nf_t 带入式（2.1）－（2.32）中，假设这些小写字母所代表的变量稳态值为常数，即稳态时，$y_t/y_{t-1}=1$，$c_t/c_{t-1}=1$，$i_t/i_{t-1}=1$，$g_t/g_{t-1}=1$，$h_t/h_{t-1}=1$，$x_t/x_{t-1}=1$，$nx_t/nx_{t-1}=1$，$k_t/k_{t-1}=1$，$nf_t/nf_{t-1}=1$，并假设 g_Y，g_C，g_I，g_G，g_H，g_X，g_{NX}，g_K，g_{Nf} 分别代表 Y_t，C_t，I_t，G_t，H_t，X_t，NX_t，K_t，Nf_t 的均衡增长率。在以上设定的基础上，可建立如下的稳态关系：

$$g_Y=g_C=g_I=g_G=g_H=g_X=g_{NX}=g_K=g_{Nf}=Z \tag{2.33}$$

设定好模型框架及求出经济行为主体的行为方程后，可以求解整个经济系统的一般均衡。由于模型设定的是代表性的行为主体的决策，因此模型是充分对称的。在均衡时，所有中间产品生产企业做同样的决策，因此有对称均衡条件：

$$\Gamma_t(i)=\Gamma_t,\ Y_t(i)=Y_t,\ N_t(i)=N_t,\ P_t(i)=P_t,\ M_t=M_{t-1}$$

$$\tag{2.34}$$

方程（2.1）－（2.34）组成非线性动态理性预期方程系统，该系统中共有实际产出 y_t、家庭住房之外的实际消费 c_t、家庭自有住房数量 h_{t+1}、家庭租用住房数量 d_t、省级政府的公共品提供 x_t、实际货币余额 m_t、实际工资 w_t、通货膨胀 π_t、边际效用 λ_t、住房价格 P_{t+1h}、名义货币增长 μ_t、名义存款利率 R_{nt}、实际资本收益率 R_{kt}、企业净资产 nf_t、外部融资溢价 S_t、劳动力需求 L_t、资本存量 k_t、投资 i_t、政府购买 g_t、偏好冲击 a_t、实际货币余额冲击 e_t、净出口冲击 nx_t 和生产率冲击 Z_t 共 23 个变量。

第二节　所有制异质、晋升激励与中国的产能过剩形成机理

在上一节里，我们建立了包含政府公共品供给、家庭住房投资性决

策的代表性家庭效用函数，并在代表性中间品生产者中纳入所有制异质和晋升激励的产值最大化目标。同时运用该模型探讨了在理想的无市场摩擦的情况下，代表性家庭、代表性中间品市场的 DSGE 稳态均衡。以上基于理想状态下的 DSGE 模型提供了一个分析中国产能过剩的理论框架和技术路径，但我们还需结合中国实际，纳入所有制异质和晋升激励的因素，来观察使 DSGE 发生偏离的情况。首先，我们讨论 DSGE 均衡对晋升激励和所有制异质的相关参数要求。然后，对比 DSGE 均衡下的晋升激励和所有制异质的相关参数要求与中国实际经济的相关参数和典型事实，我们具体可以推导出下列 4 个命题。其中，命题 1 至命题 3 针对晋升激励对居民消费和储蓄的影响及变化；命题 4 针对所有制异质和晋升激励所导致的要素扭曲性产能过剩。

一、代表性家庭稳态均衡与晋升激励

（1）省级政府提供的公共品 χ_{jt} 的边际效用等于居民消费 C_t 的边际效用，要求满足：

$$x_{jt} = \frac{\gamma_\chi c_t}{a} \tag{2.1a}$$

式（2.1a）表明，省级政府的公共品供给与居民消费之间应满足等比例的线性关系。

（2）代表性家庭的消费性住房 H_t 的单位价格边际效用等于居民消费 C_t 的单位价格边际效用，要求满足：

$$h_t = \frac{\gamma_h c_t P_{th}}{a P_t} \tag{2.2a}$$

式（2.2a）表明，住房价格的上涨比例应该等于稳态时的通货膨胀 π。

（3）代表性家庭进行持有自有住房的投资，与储蓄存款之间不存在套利，即满足：

$$(1+R_n) P_{th}h_{t+1} = (1-\delta_h) P_{t+1h}h_{t+1} -\tau P_{t+1h}h_{t+1} \tag{2.3a}$$

依据（2.3a）推导出自有住房市场的年率 g_{hp} 与存款利率 R_n 之间的关系如下：

$$g_{hp} = P_{t+1h}/P_{th}-1 = (1+R_n) / (1-\delta_h-\tau) -1$$

依据式（2.2a）和（2.3a）可得，代表性家庭的住房消费价格 P_{th} 应以固定的增长率 $\pi-1$ 的速度增长。

（4）依据家庭在 t 期的投资决策，持有自有住房与租房之间满足投资无差异性，依据式（2.24）和（2.26）式，结合 $d_tH_{t+1}=0$，导出如下关系式：

$$d_t = [1-\beta (1-\tau-\delta_h)] h_{t+1} \tag{2.4a}$$

式（2.28）也进一步地表明，代表性家庭会依据当期的住房投资收益情况进行是租房还是持有自有住房的决策。如果要实现减少住房投资，就必须满足住房市场无套利。

（5）房地产市场的投资无套利要求，表明政府的土地出让价格 P_{tland}，应该按照土地作为生产要素的边际报酬等价于资本的实际回报率 R_k 进行定价。另外，考虑各级政府征地补偿的问题，土地价格的出让金按理说，大部分归征地居民所有，依据式（2.15），在市场经济均衡的条件下，各级政府收入主要收入来源，仅来源于各级政府的税收分成 $\varphi_{gov}T_t$，而税收对居民消费需求有挤出效应，要抵消居民消费 C_t 的挤出效应，需要各级政府执行公共职能，提供公共品 χ_{jt} 实现对居民消费 C_t 的挤入效应。如此，各级政府难以通过对企业的政策性补贴去实现晋升激励。

（6）依据代表性家庭最优消费决策式（2.23）和劳动供给决策式（2.25），可得：

$$w_t = \eta c_t/a_t \tag{2.5a}$$

式（2.5a）表明，代表性家庭稳态时的实际工资 w_t 不变。

二、代表性中间品生产者稳态与所有制异质和晋升激励

（1）依据式（2.29）家庭跨期的消费决策最优化，可得：

$$R_n = Z\pi/\beta \tag{2.6a}$$

式（2.6a）表明，稳态时的银行存款无风险利率 R_n 内生地决定于目标通货膨胀率 π 和技术增长率 Z 与家庭的贴现率 β。

（2）代表性家庭的稳态表明，家庭部门的储蓄存款额 D_{t+1} 内生地决定于家庭部门的最优化。依据银行存贷相等式（2.14）和企业融资预算式（2.4），可得稳态下的居民储蓄与企业融资之间的关系式：

$$Q_{t-1}k_t - nf_t = D_t / (A_{t-1}P_{t-1}) \tag{2.7a}$$

（3）依据中间品生产者最优化决策的一阶条件式（2.30）和式（2.32），可得：

$$\frac{k_t(i)}{N_t(i)} = \frac{bZw_t}{(1-b)[Q_{t-1}R_{kt} - Q_t(1-\delta)]} \tag{2.8a}$$

式（2.8a）表示，无论是否存在晋升激励和所有制异质，企业最优化决策时的要素投入 $K_t(i)$ 和 $N_t(i)$ 之间存在固定的比例。

（3）依据式（2.30）、式（2.31）和式（2.32）的一阶条件，可得劳动力需求 $N_t(i)$ 和资本需求品 $k_t(i)$：

$$N_t(i) = \frac{(1+s_{tjG})b}{s_t} \frac{(\theta-1)}{\theta w_t} \frac{y_t(i)P_t(i)}{P_t} \tag{2.9a}$$

$$k_t(i) = \frac{(1+s_{tjG})Z}{s_t} \frac{(\theta-1)(1-b)}{\theta[Q_{t-1}R_{kt} - Q_t(1-\delta)]} \frac{y_t(i)P_t(i)}{P_t} \tag{2.10a}$$

依据经济总体资源约束式（2.18），均衡时的 $y_t(i)$ 决定于消费需求、住房需求、公共品需求、政府购买及进出口需求等加总的总需求，而总需求决定于家庭部门的最优化和进出口需求 nx_t，在稳态时不变且

要求满足不存在晋升激励。而式（2.9a）和式（2.10）却表明晋升激励和所有制异质都等比例地增加企业的要素投入 $N_t(i)$ 和 $k_t(i)$，且必须满足劳动力成本 w_t 和资本成本 R_{kt} 不会上升。虽然中国城乡二元社会的事实能够为城市提供过剩劳动力需求而不增加劳动力的实际工资，即式（2.9a）成立，但是依据企业的融资约束式（2.4）和银行存贷相等式（2.14），资本使用的增加会导致实际资本收益率 R_{kt} 上升，使得企业扩大投资的资本使用成本上升，均衡情况下投资返回原始均衡点。这表明在晋升激励对家庭部门最优化决策无影响的情况下，所有制异质和晋升激励无法作用于中间品生产者。晋升激励对家庭部门的作用才是理解中国的产能过剩问题的关键，晋升激励对家庭部门的储蓄效应使得晋升激励作用于企业的产值最大化目标成为可能。

三、晋升激励、公共职能缺位与居民储蓄

命题1：晋升激励下的政府公共职能缺位，导致公共品 χ_{jt} 供给不足，代表性家庭预期未来支出增加，缩减当期消费，预防性储蓄增加，导致居民存款 D_{t+1} 增加。

证明：χ_{jt} 减少，依据边际效用递减规律，导致 $u_{\chi_{jt}}$ 边际增大，依据 $u_{ct}=u_{\chi_{jt}}$，u_{ct} 增大，c_t 减少，即代表性家庭的消费支出减少，居民存款 D_{t+1} 增加。

另外，傅勇和张晏[1]和傅勇[2]利用 1994—2004 年省级面板数据实证检验了地方政府的财政支出结构偏向，表明地方政府的财政支出结构中存在"重基本建设、轻人力资本投资和公共服务"的倾向，而相对于

---

① 傅勇，张晏. 中国式分权与财政支出结构偏向：为增长而竞争的代价 [J]. 管理世界，2007（3）：4-12，22.

② 傅勇. 财政分权、政府治理与非经济性公共物品供给 [J]. 经济研究，2010，45（8）：4-15，65.

人力资本投资与公共服务支出，基本建设支出往往投向资本密集型的行业（包括基础设施建设），表明晋升激励下的政府公共职能缺位和公共品供给不足确实存在。

命题2：晋升激励下的土地财政导致住房价格 P_{th} 存在连续大幅上涨的预期，代表性家庭的住房投资意愿增加，促使住房价格进一步上涨。

证明：据国家统计局城镇入户调查的口径计算，过去十年间，中国城镇住宅价格年均涨幅约为 16.1%。住房价格大幅连续上涨，等价于住房投资存在套利，即（2.3a）式变为：

$$(1+r_{t+1})\ P_{th}h_{t+1} < (1-\delta_h)\ P_{t+1h}h_{t+1} - \tau P_{t+1h}h_{t+1}$$

代表性家庭依据（2.28）式进行住房投资决策：

$$\frac{\partial V}{\partial P_{t+1h}} = -\beta E_t \lambda_{t+1}\ [\ r_{rent}d_{t+1} + h_{t+2} - (1-\delta_h-\tau)\ h_{t+1}]\ /P_{t+1} = 0$$

依据 $(1-\delta_h-\tau)\ h_{t+1}P_t > 0$ 和 $d_{t+1}h_{t+2} = 0$，投资住房存在套利，所有家庭在理想的经济状态下都会选择增加自有住房持有量 h_{t+2}，同时，地方政府的土地财政也使得土地价格上涨，致使房价 P_{th} 进一步上涨。从理论上来说，在所有家庭预期住房价格上涨、存在投资套利的共识下，所有家庭都会依据家庭的财力进行增加自有住房的持有量 h_{t+1}。理想状态下，收入分配的洛伦兹曲线决定了家庭自有住房的增持量，投资性住房不会改变家庭的相对经济状况。然而，现实情况是自有住房家庭预期住房消费价格上涨，未来住房支出消费增加，为了平滑消费支出，消费者会减少当期的消费，进行追赶型储蓄。

命题3：在持有自有住房存在投资性套利的情况下，一个家庭的收入在洛伦兹收入分配曲线中所处的位置和住房价格 P_{th} 决定其能否成为住房投资者；住房价格 P_{th} 起决定性作用，投资住房家庭因为住房投资收入增加，而自有住房家庭因为住房价格 P_{th} 上升，收入恶化，并进行追赶型储蓄。基尼系数 gc 越高，家庭的追赶型储蓄总额 D_{t+1} 越多。

证明：考虑两种极端的情况，基尼系数为 0 和 1。

在基尼系数为 0 的情况下，住房价格 P_{th} 直接决定所有家庭能否成为住房投资者。而在基尼系数为 1 的情况下，只有一个家庭能够成为住房投资者。这就表明基尼系数 gc 越高，自有住房家庭越多，上涨的住房价格 P_{th} 导致的追赶型储蓄 D_{t+1} 越多。而中国二元的城乡结构、高储蓄之谜、逐年升高的基尼系数等都表明中国的住房价格 P_{th} 上涨带来居民储蓄总额增加、收入分配恶化、人口城市化滞后于空间城市化等。

综上可得，晋升激励下，居民当期消费越少，预防性储蓄和追赶型储蓄越多，国内居民需求下降；在晋升激励挤出居民消费的同时，企业却在扩产，产品的销路只能来自国外的进口需求。

四、所有制异质、晋升激励与产能过剩形成机理

（一）垄断竞争与真实刚性产能过剩

依据垄断竞争市场的生产函数和要素投入成本，构建成本最小化，得出长期成本最小化时的价格 $P_t(i)$（推导过程参加附录1）：

$$P_t(i) = \frac{C}{Y_{\theta \to \infty}} = \frac{(w_t)^b \left[R_{kt} Q_{t-1} -_t Q_t (1-\delta) \right]^{1-b} P_t}{b^b (1-b)^{1-b}} = \lambda \qquad (2.11a)$$

依据中间品生产者的需求函数和供给函数与最优化价格决策，在不存在晋升激励、所有制异质和调整成本的情况下，得出当期利润最大化时的中间品价格 $P_t(i)$：

$$\frac{P_t(i)}{P_t} = \frac{\theta}{(\theta-1)} \frac{w_b^b \left[R_{kt} - (1-\delta) \right]^{1-b}}{b^b (1-b)^{1-b}} = \frac{\theta}{(\theta-1)} \qquad (2.12a)$$

由此可构造间接地反映垄断竞争性产能过剩程度 CN_m 的公式：

$$CN_m = \gamma_t(i) \left(\frac{\theta}{\theta-1} - 1 \right) = \gamma_t(i) \theta^{-1} \qquad (2.13a)$$

其中，$\gamma_t(i)$ 为正数常数。式（2.13a）表明，垄断竞争性产能过

剩程度 CN_m，随需求价格弹性 θ（$\theta>1$）增加而减轻。当市场为完全竞争市场时，垄断竞争性产能过剩 CN_m 为零。

（二）名义价格黏性、调整成本与名义黏性产能过剩

当企业存在名义价格黏性时，即 $\dfrac{P_t(i)}{P_{t-1}(i)}=\pi_t<\pi$，中间品生产者则面临调整成本，名义黏性产能过剩 $CN_{my}(i)$（推导过程参见附录 1）为：

$$CN_{my}(i)=\frac{y_{my}(i)}{y_t(i)}-1=\frac{\left[\varphi(\beta Z-1)\left(1-\dfrac{\pi_t}{\pi}\right)\dfrac{\pi_t}{\pi}+(\theta-1)\right]}{(\theta-1)}-1$$

$$=\frac{\varphi(\beta Z-1)\left(1-\dfrac{\pi_t}{\pi}\right)\dfrac{\pi_t}{\pi}}{(\theta-1)}$$

（三）所有制异质、晋升激励与要素扭曲性产能过剩

晋升激励下，居民的预防性储蓄和追赶型储蓄增加。晋升激励带来的储蓄效应导致资金供给增加和省级政府部门收入增加，解决了地方政府政策性补贴和企业融资的资金问题，即式（2.15）中 $(1-\varphi)\,P_{th}h_{t+1}$ 增加，致使 Π_{jt} 增加成为可能，晋升激励作用于中间品生产者的产值最大化得以实现；式（2.7a）中 D_t 增加，资金增加的"囚徒困境"致使企业倾向于扩大生产规模，抢占市场份额，导致 k_t 增加。

$$P\chi_{jt}+\Pi_{jt}\leqslant\varphi_{gov}T_t+(1-\varphi)\,P_{th}h_{t+1}+Tr_{jt}-AC_{tgov}$$

$$Q_{t-1}k_t-nf_t=D_t/(A_{t-1}P_{t-1})$$

居民储蓄 D_t 和省级政府部门的土地财政收入 $(1-\varphi)\,P_{th}h_{t+1}$ 增加，使得晋升激励和所有制异质下的企业产值最大化目标成为可行，增加劳动力需求和资本品需求且不增加要素成本的条件得以成立：中国的二元城乡结构致使企业可以雇用实际工资 w_t 不变的劳动力 $N_t(i)$；晋升激励下的居民储蓄效应使得企业可以在实际资本收益率 R_{kt} 不变的条件下

获取扩大生产的资金 $k_t(i)$。

$$N_t(i) = \frac{(1+s_{ijG})b(\theta-1)y_t(i)}{s_t \quad w_t\theta}$$

$$k_t(i) = \frac{(1+s_{ijG})Z(\theta-1)(1-b)y_t(i)}{s_t \quad \theta[Q_{t-1}R_{kt}-Q_t(1-\delta)]}$$

在不考虑晋升激励对居民消费挤出效应和净出口增加的情况下，企业扩大产能导致的产能过剩 $CN_{tz}(i)$（推导过程参见附录1）为：

$$CN_{tz}(i) = \frac{y_{tz}(i)}{y_t(i)}-1 = \frac{(1+s_{ijG})}{s_t}-1 = \frac{1-s_t+s_{ijG}}{s_t}$$

然而，现实情况是，在晋升激励下，居民当期消费减少，预防性储蓄和追赶型储蓄增加；在居民消费减少的同时，而企业却在扩大生产规模，增加产能。这表明晋升激励存在需求挤出效应和供给挤入效应，进一步导致加剧要素扭曲性产能过剩程度。

命题4：所有制异质下的国有企业高管目标，与晋升激励之间存在激励相容，皆为产值最大化。激励相容致使国有企业过度投资和产能过剩；而私有企业的产能过剩则源于政府对企业的政策性补贴，政策性补贴比例越高，产能过剩越严重。

证明：在国有企业中，$s_t \in (0, 1)$

依据要素扭曲性产能过剩 $CN_{tz}(i)$ 公式：

$$\Rightarrow \frac{\partial CN_{tz}(i)}{\partial s_t} = -\frac{1+s_{ijG}}{s_t^2}<0$$，表明所有制异质越严重，s_t 越小，要素扭曲性产能过剩越大。

在私有企业中，$s_t = 1$

要素扭曲性产能过剩为 $CN_{tz}(i) = s_{ijG}$，表明政府的政策性补贴越多，私有企业的产能过剩越严重。

第三节　小结

综上可得：①过剩劳动力和出口需求增强所有制异质和晋升激励的扩产动机：过剩劳动力越严重，地方政府干预动机越强；在出口需求强劲的情况下，企业扩产目标与晋升激励相容，进一步加剧产能的放大效应；而一旦外部需求萎缩，企业的产能过剩问题就会越发严重。②晋升激励在促发企业扩产的同时，为企业准备了扩产资金：即晋升激励促使居民储蓄增加和地方政府财政收入增加，为企业扩产提供了贷款和补贴。由此可得，所有制异质和晋升激励下的产能过剩形成机理结构图，如图 2.1 所示。

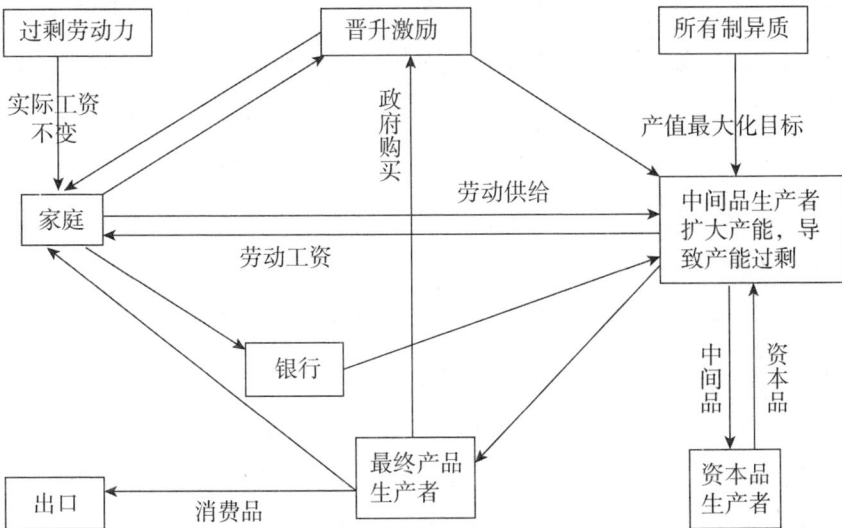

图 2.1　所有制异质和晋升激励下的产能过剩形成机理结构图

对待中国的产能过剩问题，需要以发展中国家的二元经济和区域差异视角进行辩证地分析：①所有制异质和晋升激励下的企业扩产行为，需要划分时间区间。在改革开放初期，市场为供方市场，劳动力大量过剩，晋升激励下的居民储蓄效应形成了企业的资金来源，带动了企业的发展和壮大，增加了就业，促进了出口，带来了企业、政府和居民的收入增长，促进了经济增长。然而，伴随着农村劳动力大量流向城市，刘易斯拐点的到来，企业扩大产能会导致工人工资上升，增加企业的劳动力成本支出，进而削弱产品出口的价格优势；居民在经过工资收入增长带动前期消费增加之后，面对房价上涨，转而增加预防性储蓄和追赶性储蓄，以谋求消费升级；2008 年以来的外部经济危机，致使中国企业出口大幅减少，产能过剩更加严重，企业选择减产减招或解雇工人，导致居民工资收入减少，消费进一步降低，储蓄也减少，依据企业融资等式，居民储蓄存款减少导致银行贷款减少，企业融资资金来源减少，居民工资收入减少，导致地方政府收入也在减少，地方政府的政策性资金补贴就少。在资金来源减少的情况下，原本就产能过剩的企业缺乏资金供给来源而面临钱荒，容易出现资金链断裂而破产。而这正是市场调整产能过剩的好时机。②区域差异越大，劳动力价格、工业用地成本和环境成本等成本越低，落后地区的补贴式竞争就越有效。那么，针对中国的产能过剩问题，在人口老龄化和外部经济危机冲击的背景下，该如何进行治理呢？

　　长期以来，中国政策部门以包括市场准入、项目审批、供地审批、贷款的行政核准、目录指导、强制性清理等行政管制措施来治理产能过剩。按理说，行政管制措施治理产能过剩，具有直接性强、强制性高、见效快等优点，但是行政管制措施治理下的产能过剩问题不但没有解决，反而变得越发严重。这是为什么？首先，政策部门以自身对市场供需状况的判断以及对未来供需形势变化的预测来判断某个行业是否产能过剩，并制定相应的产能投资措施和控制目标，但在产能过剩治理政策的制定和实施过程中，市场信息瞬息万变，政府部门的行政管制措施往往滞后，无法体现市场的所有信息及其变化，致使管制措施没能减弱产能过剩。其次，中国的要素扭曲引发的产能过剩，本身源于晋升激励的行政干预，却又以行政的手段来治理，这容易导致产能过剩行业中的企业"劣币驱逐良币"，无法发挥市场竞争机制实现优胜劣汰。最后，行政干预手段治理中国工业产能过剩的失效，间接论证了中国产能过剩的成因主要在于要素扭曲，而不是市场失灵。同时，人口老龄化的到来和出口需求萎缩，意味着市场淘汰过剩产能的手段已经趋向成熟。所有制异质和晋升激励下的产能过剩企业，面对劳动成本上升和产品需求下降，相互之间的竞争变得更加激烈，正是发挥市场竞争机制的好时机，优胜劣汰，调整行业内的企业结构，化解落后和过剩的产能。

第三章

中国制造业行业的产能利用率测度：
成本函数法

严重的产能过剩问题，引起了国家政策部门和经济学者关于产能过剩成因理论、产能利用率测度与产能过剩成因实证的研究。对产能利用率的科学测度是判断是否存在产能过剩、实证检验产能过剩成因理论与对症下药治理产能过剩的基础。虽然中国产能过剩成因的理论成果表明，中国的产能过剩成因既有源于市场失灵的共性，又有基于中国经济实际的要素扭曲特性，但孙巍等和韩国高等基于成本函数法测度出了中国制造业行业的产能产出，由此表明运用成本函数法可以实现中国制造业行业的产能利用率测算。只是囿于孙巍等和韩国高等采用的是《中国工业经济统计年鉴》的制造业行业数据，导致无法系统地纳入基于微观企业数据的产能过剩成因指标，限制了对中国制造业行业产能过剩成因的检验。为此，笔者首次采用《中国工业企业数据库》的微观企业数据，进行行业汇总，来测算中国制造业行业的产能产出和产能利用率。

西方的产能测度方法主要有调研产能、工程产能和经济产能这三种类型，产能利用率通常被解释为企业在一定时期内的实际产出与产能产出之比。产能产出是指企业依据当前所拥有的要素、技术及能力可能实现的最大产出，包括调研产能、工程产能和经济产能。实际产出就是企业在一定时期内的产值，一般情况下小于产能产出。对于调研产能、工程产能和经济产能，选择哪种测度产能产出呢？卡斯尔斯提倡以经济视角去解释产能产出，认为最大产出应以经济条件为出发点，随经济条件（产品价格和要素成本等）的变化而变化。克莱因也主张以经济视角测度产能产出，但由于当时生产-成本对偶理论尚未形成，无法实现经济产能的测度，退而选择次优的以短期内既定的资本存量所能生产的最大产出作为产能产出。随着对偶理论的形成和成本函数的发展，利用经济视角测度产能产出成为可行。遵从卡斯尔斯的经济产能主张，过剩产能本质上是起因于企业面临的短期约束，源于近似的固定投入要素在价格和存量上的调整成本，为经济产能和实际产出之间的缺口。经济产能包含短期和长期平均成本曲线相切所对应的产出水平 Q_t，与短期平均成本最小化时对应的产出水平 Q_m。微观企业的产能利用率 CU_m（$CU_m = Q/Q_m$）和 CU_t（$CU_t = Q/Q_t$）之间的关系，取决于企业的规模经济情况。在规模报酬递增时，$Q_m > Q_t$，$CU_m < CU_t$；在规模报酬递减时，$Q_m < Q_t$，$CU_m > CU_t$；在规模报酬不变时，$Q_m = Q_t$，$CU_m = CU_t$。参照现有大量文献的通常做法，和测度经济产能的可变成本函数的常规模报酬假设，与发展中国家经济长期内变化较大的事实[①]，笔者采用短期和长期平均成本曲线相切所对应的产出水平 Q_t 作为经济产能。

　　国内学者对产能产出和产能利用率的测度研究起步较晚。沈利生利用基于峰值法的调研产能计算了中国的资本设备利用率；龚刚和杨琳假定一定时期内的用电量与资本服务使用量成固定比例，通过生产函数估算这一比例，并以用电量乘以该比例来代替无法观测的资本服务使用量，求得中国的资本设备利用率；何彬借用龚刚和杨琳的方法计算了1997—2006 年中国制造业各行业的产能利用率；孙巍等和韩国高等分

---

①　比如中国的高速经济增长之谜、市场化改革和国有企业改革及对外贸易政策变化等都会影响企业或者行业的产能利用，所以从短期的角度考虑中国制造业行业的产能产出比较符合中国社会主义市场经济发展历程。

别利用可变成本函数和标准化可变成本函数对中国制造业 28 个行业的经济产能和产能利用率进行了测算（两者之间的区别在于有没有考虑原材料与数据年份的不同）。本章在四个方面与上述文献不同。首先，与孙巍等和韩国高等利用《中国工业经济统计年鉴》的制造业行业数据不同，笔者利用 1998—2015 年《中国工业企业数据库》的微观企业数据依据两位数行业进行汇总，对中国制造业行业的产能利用率进行测度，这有利于第四章进一步深入研究中国制造业行业的产能过剩成因。其次，为了使结论具有一般性，笔者采用可变成本函数、标准化成本函数、广义里昂惕夫成本函数与超越对数成本函数这四种测度经济产能的成本函数，对中国制造业行业的产能利用率进行测度。第三，与孙巍等和韩国高等不同，综合考虑回归结果的有效性和稳健性，在方法上同时采用似不相关回归和面板固定效应回归进行产能测度。最后，依据可变成本函数的性质和产能利用率的取值区间，对西方经济产能测度是否适用于中国制造业进行了探讨。

本章以下部分的具体安排如下：第一节介绍经济产能和产能利用率测度的四种成本函数。第二节介绍数据来源及处理步骤与所使用的计量方法。第三节对各类成本函数的回归结果进行分析和说明；第四节依据成本函数的性质和产能利用率的取值区间以次中选优的策略选择最优的产能利用率测度结果。

第一节　测度经济产能的四种成本函数

采用如下的生产函数：

$$Q=f\ (L,\ K,\ M,\ T)$$

其中，L 表示劳动数量，K 表示固定资本存量，M 表示原材料，T

表示分解的技术进步指数。在短期内，资本存量一般设定为固定的，这意味着厂商是在既定的生产规模下谋求成本最小化。在既定的资本存量 K 下厂商为了生产 Q 单位的产出追求可变成本的最小化，满足如下的短期可变成本函数关系：

$$VC = VC \ (P_L, \ P_M, \ Q, \ K, \ T)$$

短期可变成本函数式，与一般的长期成本函数相比，存在两个方面的不同：①长期成本函数的因变量为总成本，而可变成本函数的因变量为可变成本；②在长期成本函数中资本的价格作为自变量，而短期成本函数中资本的存量作为自变量。

一、可变成本函数

短期可变成本函数具体化为如下的可变成本函数：

$$VC = P_L L + M P_M$$

$$= \lambda_0 + K \ [\lambda_K + 0.5\lambda_{KK} \ (K/Q) \ + \lambda_{KL} P_L + \lambda_{KM} P_M] \ + P_M \ (\lambda_M + 0.5\lambda_{MM}$$

$$P_M + \lambda_{MQ} Q) \ + P_L \ (\lambda_L + 0.5\lambda_{LL} P_L + \lambda_{LM} P_M + \lambda_{LQ} Q) \ + Q \ (\lambda_Q + 0.5\lambda_{QQ}$$

$$Q) \ + + \sum_f \lambda_f D_f + \sum_i \lambda_i T_i \tag{3.1a}$$

其中，D_f 代表行业层面的虚拟变量，以获取企业所在的行业层面不随时间而变化的不可观测的影响；T_i 代表时间层面的虚拟变量，以获取企业的年份固定效应。

依据式（3.1a），对投入价格 p_m 求偏导，可得原材料的条件要素需求函数：

$$\frac{\partial \ VC}{\partial \ P_M} = \lambda_M + \lambda_{KM} K + \lambda_{LM} P_L + \lambda_{MM} P_M + \lambda_{MQ} Q = M \tag{3.2a}$$

由于两种产能利用率都是依据短期总成本（SRTC）进行定义，而不是可变成本（VC）。为了得到短期总成本，必须采用固定成本（TFC）。短期总成本可定义如下：

$$SRTC = VC + P_K K \qquad (3.3a)$$

其中，P_K 为资本租赁价格，企业的固定成本 TFC 为固定投入的支出，等于 $TFC = P_K K$。

对于经济产能 Q_t 的测度，依据 Q_t 满足 SRATC 曲线与 LRATC 曲线相切。在切点处，厂商依据长期均衡使用资本，符合短期总成本（SRTC）最小化，依据式（3.3a）满足如下导数关系：

$$\frac{\partial VC}{\partial K} + P_K = 0 \qquad (3.4a)$$

其中，满足式（3.4a）的 K 为均衡时的资本存量。式（3.4a）表示，达到长期均衡时，单位资本引发的可变成本等于资本租赁价格。

依据式（3.1a）对 K 求导可得：

$$\frac{\partial VC}{\partial K} = \lambda_K + \lambda_{KK} (K/Q) + \lambda_{KL} P_L + \lambda_{KM} P_M \qquad (3.5a)$$

将式（3.5a）代入式（3.4a），可得均衡状态下的 Q_t 等式表达式，即 SRATC 曲线和 LRAC 曲线相切对应的产出水平 Q_t：

$$Q_t = -\frac{\lambda_{KK} K}{\lambda_K + \lambda_{KL} P_L + \lambda_{KM} P_M + P_K} \qquad (3.6a)$$

二、标准化可变成本函数

短期可变成本函数具体化为如下的标准化可变成本函数：

$G = VC/P_L = L + M p_m$

$\qquad = Q \left[a_0 + a_{0t} T + a_M p_m + 0.5 \gamma_{MM} p_m^2 + a_{Mt} p_m T \right] + a_K K + 0.5 \gamma_{KK} (K^2/Q) +$

$\qquad 0.5 \beta_{KK} (DK^2/Q) + a_{Kt} KT + \gamma_{KM} p_m K + \sum_f \lambda_f D_f + \sum_i \lambda_i T_i \qquad (3.1b)$

其中，$p_m = P_M/P_L$。

依据式（3.1b），对投入价格 p_m 求偏导，可得原材料的条件要素需求函数：

$$\frac{\partial\,G}{\partial\,p_m}=a_MQ+\gamma_{MM}p_mQ+a_{Mt}TQ+\gamma_{KM}K=M \tag{3.2b}$$

由于两种产能利用率都是依据短期总成本（SRTC）进行定义，而不是可变成本（VC）。为了得到短期总成本，必须采用固定成本（TFC）。短期总成本可定义如下：

$$SRTC=（VC+P_KK）/P_L=G+p_kK \tag{3.3b}$$

其中，$p_K=P_K/P_L$，P_K 为资本租赁价格，企业的固定成本 TFC 为固定投入的支出，等于 $TFC=P_KK$。

对于经济产能 Q_t 的测度，依据 Q_t 满足 SRATC 曲线与 LRATC 曲线相切。在切点处，厂商依据长期均衡使用资本，符合短期总成本（SRTC）最小化，依据马丽森[1]（Marrison, C. J.）满足如下导数关系：

$$G-\frac{\partial\,G}{\partial\,K}K-\frac{\partial\,G}{\partial\,DK}DK=G+p_kK \tag{3.4b}$$

即：$-［a_K+\gamma_{KK}（K/Q）+a_{Kt}T+\gamma_{KM}p_m］K-\beta_{KK}（DK/Q）DK=p_kK$

其中，满足式（3.4b）的 K 为均衡时的资本存量。式（3.4b）表示，达到长期均衡时，单位资本引发的可变成本等于资本租赁价格。

依据式（3.1b）对 K 求导可得：

$$\frac{\partial\,G}{\partial\,K}=a_K+\gamma_{KK}（K/Q）+a_{Kt}T+\gamma_{KM}p_m \tag{3.5b}$$

将式（3.5b）代入式（3.4b），可得均衡状态下的 Q_t 等式表达式，即 SRATC 曲线和 LRAC 曲线相切对应的产出水平 Q_t：

$$Q_t=-\frac{（\gamma_{KK}K^2+\beta_{KK}DK^2）}{（a_K+a_{Kt}T+\gamma_{KM}p_m+p_K）K} \tag{3.6b}$$

---

[1]　MORRISON C J. Primal and Dual Capacity Utilization：An Application to Productivity Measurement in the U. S. Automobile Industry［J］. *Journal of Business & Economic Statistics*，1985，3（4）：312–324.

三、广义里昂惕夫成本函数

短期可变成本函数具体化为如下的广义里昂惕夫可变成本函数：

$VC = LP_L + MP_M$

$$= Q\left[a_L P_L + a_M P_M + 2a_{LM} P_L^{0.5} P_M^{0.5} + Q^{0.5}\left(\delta_{LQ} P_L + \delta_{MQ} P_M\right)\right] + \left(P_L + P_M\right)\gamma_{KK}K + Q^{0.5}K^{0.5}\left[\delta_{LK}P_L + \delta_{MK}P_M + \left(P_L + P_M\right)\gamma_{QK}Q^{0.5}\right] + \sum_f \lambda_f D_f + \sum_i \lambda_i T_i \tag{3.1c}$$

式（3.1c）两边同时除以劳动力价格 P_L，改写为：

$G = VC/P_L = L + Mp_m$

$$= Q\left[a_L + a_M p_m + 2a_{LM}p_m^{0.5} + \delta_{LQ}Q^{0.5} + \delta_{MQ}Q^{0.5}p_m\right] + \gamma_{QK}QK^{0.5}\left(1 + p_m\right) + \delta_{LK}Q^{0.5}K^{0.5} + \delta_{MK}Q^{0.5}K^{0.5}p_m + \gamma_{KK}K\left(1 + p_m\right) + \sum_f \lambda_f D_f + \sum_i \lambda_i T_i \tag{3.2c}$$

其中，$p_m = P_M/P_L$。

依据式（3.2c），对投入价格 p_m 求偏导，可得原材料的条件要素需求函数：

$$\frac{\partial G}{\partial p_m} = a_M Q + a_{LM}Qp_m^{-0.5} + \delta_{MQ}Q^{1.5} + \delta_{MK}Q^{0.5}K^{0.5} + \gamma_{QK}QK^{0.5} + \gamma_{KK}K = M \tag{3.3c}$$

由于两种产能利用率都是依据短期总成本（SRTC）进行定义，而不是可变成本（VC）。为了得到短期总成本，必须采用固定成本（TFC）。短期总成本可定义如下：

$$SRTC = \left(VC + P_K K\right)/P_L = G + p_K K \tag{3.4c}$$

其中，$p_K = P_K/P_L$，P_K 为资本租赁价格，企业的固定成本 TFC 为固定投入的支出，等于 $TFC = P_K K$。

对于经济产能 Q_t 的测度，依据 Q_t 满足 SRATC 曲线与 LRATC 曲线相切。在切点处，厂商依据长期均衡使用资本，符合短期总成本（SRTC）

最小化，依据式（3.4c）满足如下导数关系：

$$\frac{\partial \, SRTC}{\partial \, K} = \frac{\partial \, G}{\partial \, K} + p_K = 0 \tag{3.5c}$$

其中，满足式（3.5c）的 K 为均衡时的资本存量。式（3.5c）表示，达到长期均衡时，单位资本引发的可变成本等于资本租赁价格。

依据式（3.2c）对 K 求导可得：

$$\frac{\partial \, G}{\partial \, K} = 0.5 \left[\delta_{LK}(Q/K)^{0.5} + \delta_{MK}(Q/K)^{0.5} p_m + \gamma_{QK} Q K^{-0.5} (1+p_m) \right] + \gamma_{KK}$$

$$(1+p_m) \tag{3.6c}$$

将式（3.6c）代入式（3.5c），可得均衡状态下的 Q_t 等式表达式，即 SRATC 曲线和 LRAC 曲线相切对应的产出水平 Q_t：

$$0.5 \left[(\delta_{LK}+\delta_{MK}p_m)(Q/K)^{0.5} + \gamma_{QK} Q K^{-0.5} (1+p_m) \right] + \gamma_{KK} (1+p_m) +$$

$$p_K = 0 \tag{3.7c}$$

由于等式（3.7c）中同时出现 Q_t 和 $Q_t^{0.5}$，无法通过解析法求解，只能通过迭代法求出 Q_t。借鉴 Gajanan 和 Malhotra 的做法，以 Q_t 所对应 K^* 比实际资本存量 K 代理 CU 即 $CU = K^*/K$。K^* 的解析式如下：

$$K^* = \frac{\left[(\delta_{LK}+\delta_{MK}p_m) Q^{0.5} + \gamma_{QK} Q (1+p_m) \right]^2}{4 \left[\gamma_{KK} (1+p_m) + p_K \right]^2} \tag{3.8c}$$

四、超越对数成本函数

短期可变成本函数具体化为如下的超越对数可变成本函数：

$$\begin{aligned}
\ln VC &= a_0 + \sum_f \lambda_f D_f + \sum_i \lambda_i T_i + a_L \ln P_L + a_M \ln P_M + a_{LM} \ln P_L \ln P_M \\
&\quad + 0.5 a_{LL} (\ln P_L)^2 + 0.5 a_{MM} (\ln P_M)^2 + \beta_Q \ln Q + 0.5 \beta_{QQ} (\ln Q)^2 \\
&\quad + \beta_{QL} \ln Q \ln P_L + \beta_{QM} \ln Q \ln P_M + \beta_{QK} \ln Q \ln K \\
&\quad + \gamma_K \ln K + 0.5 \gamma_{KK} (\ln K)^2 + \gamma_{KL} \ln K \ln P_L + \gamma_{KM} \ln K \ln P_M + \delta_T T \\
&\quad + 0.5 \delta_{TT} T^2 + \delta_{TL} T \ln P_L + \delta_{TM} T \ln P_M + \delta_{TK} T \ln K + \delta_{TQ} T \ln Q
\end{aligned} \tag{3.1d}$$

进行线性同次变换后，投入要素价格的相关参数要求，与规模报酬不变假定的条件限制，具体如下：

$a1$）$a_L+a_M=1$ $b1$）$\delta_{TL}+\delta_{TM}=0$ $c1$）$a_{LL}+a_{LM}=0$

$d1$）$\gamma_{KL}+\gamma_{KM}=0$ $e1$）$\beta_{QL}+\beta_{QM}=0$ $f1$）$a_{MM}+a_{LM}=0$

$a2$）$\beta_Q+\gamma_K=1$ $b2$）$\beta_{QQ}+\beta_{QK}=0$ $c2$）$\beta_{QK}+\gamma_{KK}=0$

$d2$）$\beta_{QL}+\gamma_{KL}=0$ $e2$）$\beta_{QM}+\gamma_{KM}=0$ $f2$）$\delta_{TK}+\delta_{TQ}=0$ （3.2d）

依据对偶理论进行标准化，将式（3.1d）变换如下：

$$\ln G = \ln（VC/PL）= \beta_0+\beta_M\ln p_m+\beta_Q\ln Q+\beta_K\ln K+\beta_T T$$
$$+0.5\left[\beta_{MM}\ln^2 p_m+\beta_{QQ}\ln^2 Q+\beta_{KK}\ln^2 K+\beta_{TT}T^2\right]$$
$$+\beta_{MQ}\ln p_m\ln Q+\beta_{MK}\ln p_m\ln K+\beta_{MT}T\ln p_m$$
$$+\beta_{QK}\ln Q\ln K+\beta_{QT}T\ln Q+\beta_{KT}T\ln K+\sum_f\lambda_f D_f+\sum_i\lambda_i T_i \quad\quad（3.3d）$$

其中，$p_m=P_M/P_L$。

依据式（3.3d），以对数形式的投入价格进行对数成本函数求偏导，可得可变投入 P_M 的成本分摊函数式：

$$\frac{\partial\ln G}{\partial\ln p_m}=\beta_M+\beta_{MM}\ln p_m+\beta_{MQ}\ln Q+\beta_{MK}\ln K+\beta_{MT}T=\frac{p_m M}{G} \quad\quad（3.4d）$$

由于两种产能利用率都是依据短期总成本（SRTC）进行定义，而不是可变成本（VC）。为了得到短期总成本，必须采用固定成本（TFC）。短期总成本可定义如下：

$$SRTC=（VC+P_K K）/P_L=G+p_K K \quad\quad（3.5d）$$

其中，$p_K=P_K/P_L$，P_K 为资本租赁价格，企业的固定成本 TFC 为固定投入的支出，等于 $TFC=P_K K$。

对于经济产能 Q_t 的测度，依据 Q_t 满足 SRATC 曲线与 LRATC 曲线相切。在切点处，厂商依据长期均衡使用资本，符合短期总成本（SRTC）最小化，依据式（3.5d）满足如下导数关系：

$$\frac{\partial SRTC}{\partial K} = \frac{\partial G}{\partial K} + p_K = 0 \qquad (3.6d)$$

同理，式（3.6d）表示，达到长期均衡时，单位资本引发的可变成本等于资本的价格。

依据 $\partial \ln VC / \partial \ln K = (\partial VC / \partial K)(K/VC)$，由此可得：$\partial VC / \partial K$ 等于 $(\partial \ln VC / \partial \ln K)(VC/K)$，并依据式（3.3d）对 $\ln K$ 求导可得：

$$\frac{\partial \ln G}{\partial \ln K} = \frac{\partial G}{\partial K}\frac{K}{G} = \frac{R_K K}{G} = \beta_K + \beta_{KK}\ln K + \beta_{MK}\ln p_m + \beta_{QK}\ln Q + \beta_{KT}T \qquad (3.7d)$$

其中，R_K 表示资本的影子价格。依据 Berndt & Hesse[1]，实际产出为 Q_t 时满足事后的资本影子价格 $-R_K$ 等于事前的资本租赁价格 p_K，满足如下的关系式：

$$-M_K G - p_K K = 0 \qquad (3.8d)$$

其中，M_K 为 $\frac{R_K K}{G}$。将式（3.8d）代入式（3.7d），可得均衡状态下的 Q_t 等式表达式，即 SRATC 曲线和 LRAC 曲线相切对应的产出水平 Q_t：

$$\frac{-p_K K}{G} = \beta_K + \beta_{KK}\ln K + \beta_{MK}\ln p_m + \beta_{QK}\ln Q + \beta_{KT}T \qquad (3.9d)$$

同理，由于等式（3.9d）中同时出现 Q_t 和 $\ln Q_t$，无法通过解析法求解，只能通过迭代法求出 Q_t。

第二节 数据与估计方法

使用的数据来源于《中国工业企业数据库：1998—2015》，该数据

① BERNDT E R, HESSE D M. Measuring and Assessing Capacity Utilization in the Manufacturing Sectors of Nine OECD Countries [J]. *European Economic Review*, 1986, 30 (5): 961-989.

库基于国家统计局"规模以上工业统计报表"取得的资料整理而成。数据库的统计对象为规模以上工业法人企业，包括全部国有和年主营业务收入 500 万元及以上的非国有工业企业。但值得注意的是，该数据库部分统计样本包含样本匹配错乱、指标异常及数值错漏等问题。根据已有的数据处理经验，进行了如下的数据整理：首先，大致遵循布兰特（Brandt）等①和聂辉华等②提供的思路进行企业和行业匹配并删除非制造业数据，仅保留中国制造业的企业数据；然后，依据以下原则进行数据筛选：（1）企业工业销售产值及出口交货值为负；（2）企业的各项投入为零或为负，包括职工人数、中间投入合计、固定资产净值；（3）剔除就业人数小于 8 人的企业，因为大多数异常值来自这些没有可靠会计系统的个体户。

　　经过以上数据整理，依据企业代码和年份，我们构建了一个以制造业企业为截面单元、时间跨度为 1998—2015 年的大规模非平衡微观面板数据集，每个观察值由反映企业基本情况、投入产出、资产负债、资本构成、收入费用以及利润分配等方面的 47 个变量构成。

一、指标选取及数据说明

1. 资本存量（K）及折旧率（δ）

　　以经过《中国统计年鉴》的固定资产投资价格指数平减后的企业固定资产净值作为企业资本存量 K 的衡量指标。固定资产净值为固定资产原值合计减去累计折旧。资本折旧率 δ 为 15%。资本变化率 DK 为

---

① BRANDT L, BIESEBROECK J V, ZHANG Y F. Creative Accounting or Creative Destruction? Firm-Level Productivity Growth in Chinese Manufacturing [J]. *Journal of Development Economics*, 2012, 97（2）：339-351.

② 聂辉华，江艇，杨汝岱. 中国工业企业数据库的使用现状和潜在问题 [J]. 世界经济，2012（5）：142-158.

本年固定资产净值减去上年固定资产净值。

2. 资本租赁价格（P_K）

借鉴乔根森[①]（Jorgenson），考虑固定资产价格 q_t 的变动带来的租赁影响，P_K 计算公式如下：

$$P_K =（1+r_t）q_t/q_{t-1}+（\delta-1）$$

其中，q_t 为固定资产购置价格，采用国家层面的固定资产投资价格指数代理。r_t 采取经居民消费价格指数平减后的中国 1998 年以来一年以上至三年的中长期贷款利率，数据来源于《中国统计年鉴》。

3. 劳动力投入（L）及劳动力价格（P_L）

以企业从业人数为衡量劳动投入 L 的指标。劳动力价格采用各行业在岗职工的人均薪酬来代替。以企业本年应付薪酬总额（工资加福利及保险等）衡量企业职工的薪酬总额。为了与资本价格保持一致，将历年各行业的在岗职工人均薪酬换算为以 1998 年为基期的人均薪酬，数据来源于《中国统计年鉴》，进而得到实际劳动力价格指数 P_L。

4. 原材料（M）及原材料价格（P_M）

以七大类原材料指数 P_M（韩国高等，2011）平减的行业中间投入合计作为衡量中间投入 M 的指标。

5. 可变成本（VC）及产出（Q）

企业的可变成本 VC 等于企业的本年薪酬总额（工资加福利及保险等）加中间投入合计。企业的产出 Q 为经工业品出厂价格指数平减后的工业销售产值。以上变量数据再以两位数行业为标准进行累加得到中国制造业两位数行业的数据。

---

① JORGENSON D W. Capital Theory and Investment Behavior [J]. *The American Economic Review*, 1963, 53 (2): 247-259.

6. 技术进步（T）

使用时间趋势 T 代表企业的技术进步。

二、估计方法

为了综合考虑回归的有效性和稳健性，以两位数行业和三位数行业为标准汇总数据进行回归。借鉴韩国高等的做法，把制造业行业划分为轻工业和重工业，为了对比还把制造业行业划分为劳动密集型行业和非劳动密集型行业等行业类别，并剔除烟草行业（烟草行业属于特许经营的行业，存在严重的行政垄断），分别进行存在参数约束的似不相关回归（SUR）和面板固定效应回归（FE）。方程中的 D_f 为企业所属的两位数行业虚拟变量，而 T_i 为年份虚拟变量，以体现成本函数中的年份效应。

第三节　回归结果：分析与说明

一、以成本函数性质判断回归系数

任何形式的可变成本函数 VC（w，Q，VX，FX）需要满足以下五个性质：（1）可变成本 VC 为可变要素价格 w 和产出 Q 的单增函数；（2）可变成本 VC 为可变要素价格 w 的凹函数；（3）可变成本 VC 为固定要素 FX 的凸函数；（4）可变成本 VC 关于可变要素价格 w 的导数为该要素的条件需求函数，即 $\partial VC/\partial w_j = VX_j$；（5）固定要素 FX 的影子价格等于资本租赁价格，即 $-\partial VC/\partial FX_i = u_i = P_K$。

鉴于回归系数的单调性无法判别，利用要素的凹凸性进行判断：如果回归系数符合成本函数的凹凸性，则标为"符合"，否则，标为"不符合"，若无法判断则标记为"无法判断"，有待进一步分析测度的产能利用率，并与回归的判决系数 R-sq、回归系数 10%水平上显著的占比、计算产能利用率的系数满足 10%显著性的个数占比等指标，编制表1 至表3（参见附录2）。

表1 至表3 的共同点：（1）回归系数的判决系数 R-sq 较大，回归总体拟合较好。（2）在同类划分标准和回归方法中，三位数行业汇总数据的回归结果优于两位数汇总数据，这表明细化的行业分类不但有利于增加回归样本进而增加变量显著性，而且有利于体现不同密集度行业的异质性。（3）要素密集度划分标准优于轻重工业的划分标准。在两位数行业汇总数据回归中，以轻工业行业为分类的回归结果较好，而以重工业行业为分类的回归结果却很差；以劳动密集型和非劳动密集型行业为划分标准的回归结果相对来说，表现较好；而轻工业行业大多数是劳动密集型行业，表明以要素密集度为分类标准优于轻重工业的划分标准，同时以要素密集度为划分标准的三位数行业回归结果也证实了这一结论。（4）在三位数行业汇总数据以要素密集度为分类标准的似不相关回归结果中，除资本密集度行业的结果较不好外，回归结果总体较好。另外，资本密集度行业的回归结果不显著，可能是因为样本容量小。（5）现有的测度经济产能的文献都是基于行业的数据进行测度，且没有严格探讨回归系数是否满足可变成本函数的性质，比如孙巍等（2009）的劳动力和能源投入（λ_{LL} 为 -8E-07、λ_{EE} 为 -3937.3）不满足凹性条件、韩国高等的资本（重工业可变成本函数中的 γ_{KK} 为 3.6382，不满足凸性条件）不满足可变成本函数性质。

二、测度的产能利用率的统计指标

为了进一步判别测度中国制造业行业产能利用率的可变成本函数、

标准化可变成本函数与里昂惕夫成本函数之间的优劣[1]，分别以两位数行业汇总数据和三位数行业汇总数据的似不相关回归结果为基础，分别测度标准化可变成本函数与广义里昂惕夫成本函数的产能利用率，以测度的产能利用率进行统计性质分析，编制如表3.1。依据表3.1可得如下结论：（1）基于劳动密集型行业和非劳动密集型行业为划分标准的两位数行业汇总回归结果中，基于广义里昂惕夫成本函数测度的产能利用率比较符合产能利用率的取值区间，但是里昂惕夫成本函数的回归结果却劣于标准化可变成本函数。（2）基于轻工业和重工业划分的两位数汇总数据，三种成本函数的取值区间都不合理。（3）以要素密集度进行划分的基于三位数行业汇总数据测度的产能利用率中，以劳动密集型行业和非劳动密集型行业为划分标准的可变成本函数测度的产能利用率取值区间比较合理。

针对以上各种类型的回归及产能利用率测度结果，我们可以取得以下共识：（1）以要素密集度为标准的划分优于轻重工业的划分，为此我们选择保留以要素密集度为划分标准的回归结果；（2）以要素密集度为划分标准的结果中，标准化可变成本函数的回归系数的显著性及产能利用率测度的相关系数的显著性优于广义里昂惕夫成本函数和可变成本函数，为此我们进一步考察基于要素密集度划分标准的标准化可变成本函数的产能利用率统计性质，两位数行业的标准化可变成本函数测度的产能利用率优于三位数行业。综上，以两位数行业为标准，以标准化可变成本函数为回归函数，以似不相关回归为方法的产能测度结果为中国制造业两位数行业的最终测度结果。

---

[1] 鉴于超越对数成本函数的回归系数比较多，且超越对数函数的回归系数大多数皆不显著和测度产能利用率的回归系数多数皆不显著，表明针对《中国工业企业数据库》的行业数据以成本函数法测度产能利用率，不适合采用超越对数可变成本函数的成本函数型式，故不予考虑以超越对数成本函数作为产能测度的最终结果，参见附录2。

表 3.1 产能利用率测度的统计性质：似不相关回归结果

数据类型	基于劳动密集型行业数据的产能利用率测度：两位数行业		
成本函数类型	可变成本	标准化可变成本	里昂惕夫成本
区间	[−0.351, 0.767]	[−0.218, 2.204]	[0.352, 1.486]
均值	0.286	0.672	0.788
方差	0.215	0.481	0.257
数据类型	基于非劳动密集型行业数据的产能利用率测度：两位数行业		
成本函数类型	可变成本	标准化可变成本	里昂惕夫成本
区间	[0.242, 2.072]	[0.126, 1.883]	[0.238, 2.391]
均值	0.718	0.894	0.885
方差	0.632	0.305	0.468
数据类型	基于轻工业行业数据的产能利用率测度：三位数行业		
成本函数类型	可变成本	标准化可变成本	里昂惕夫成本
区间	[−0.165, 2.374]	[−2.005, 9.551]	[0.00, 7.431]
均值	0.825	2.279	0.345
方差	0.497	1.324	0.694
数据类型	基于重工业行业数据的产能利用率测度：三位数行业		
成本函数类型	可变成本	标准化可变成本	里昂惕夫成本
区间	[−0.717, 5.941]	[−0.357, 7.794]	[0.000, 5.311]
均值	0.454	1.145	0.227
方差	0.835	0.800	0.424

续表

数据类型	基于劳动密集型行业数据的产能利用率测度：三位数行业		
成本函数类型	可变成本	标准化可变成本	里昂惕夫成本
区间	[0.106, 3.166]	[-3.544, 9.758]	[0.000, 15.760]
均值	1.106	2.087	0.941
方差	0.521	1.177	1.526
数据类型	基于非劳动密集型行业数据的产能利用率测度：三位数行业		
成本函数类型	可变成本	标准化可变成本	里昂惕夫成本
区间	[0.043, 3.861]	[-5.130, 6.433]	[0.147, 7.03e+07]
均值	0.464	0.234	122655.7
方差	0.379	0.590	2634139
数据类型	基于资本密集型行业数据的产能利用率测度：三位数行业		
成本函数类型	可变成本	标准化可变成本	里昂惕夫成本
区间	[-1.719, 3.782]	[-16.47, -0.419]	[8.82e-07, 2.870]
均值	0.922	-1.985	0.236
方差	0.788	2.139	0.474
数据类型	基于技术密集型行业数据的产能利用率测度：三位数行业		
成本函数类型	可变成本	标准化可变成本	里昂惕夫成本
区间	[-1.138, 2.989]	[-61.53, 77.63]	[0.527, 3.557]
均值	0.124	-3.827	0.331
方差	0.571	7.333	0.358

数据类型	基于资源密集型行业数据的产能利用率测度：三位数行业		
成本函数类型	可变成本	标准化可变成本	里昂惕夫成本
区间	[0.247, 26.13]	[1.357, 50.79]	[2.98e-07, 10.83]
均值	7.601	8.044	0.401
方差	3.176	3.958	0.821

第四节　中国制造业行业的产能利用率测度结果

产能利用率是表示生产能力利用程度的指标，是反映企业及行业产能利用状况、判断是否存在产能过剩的最直接指标。笔者以两位数行业汇总数据为基础，利用标准化可变成本函数的似不相关回归结果，作为产能利用率测度的系数（公式 3.6b），计算出中国制造业两位数行业的产能利用率。由于目前中国尚未建立对产能利用率的评价标准，借鉴韩国高等的做法，根据欧美等国家利用产能利用率或设备利用率判断产能是否过剩的经验，产能利用率正常值在 79%—83% 之间，超过 90% 则认为产能不足，存在生产设备能力超负荷现象，若低于 79%，则说明可能出现产能过剩现象。

一、九大行业存在较严重的产能过剩

从测度结果可以看出，产能利用率长期低于 79% 的行业有：纺织业、木材加工、造纸制品、化学纤维、塑料制品、矿物制品、金属制品、通用设备及专业设备这九大行业。对比韩国高等的严重产能过剩七

大行业，笔者测度的九大行业与韩国高等的结果存在异同：相同的是造纸制品、化学纤维、矿物制品这三大行业；对于测度结果的不同，可能源于数据来源与年份的差异：韩国高等数据来源于《中国工业经济统计年鉴》，时间跨度为1999—2008，而数据来源为基于《中国工业企业数据库》的微观企业汇总数据，时间跨度为1998—2015年。2008年欧美等发达国家爆发了金融危机，对中国制造业出口带来了冲击，导致了中国制造业企业2008年的产能利用率下降。

二、大部分行业的产能利用率趋于上升

从1998—2015年，国内外经济形势发展良好，特别是2001年中国加入WTO，导致中国进入一个上升的景气周期，中国制造业两位数行业的产能利用率趋于上升，这一趋势进一步论证了韩国高等的产能利用与经济周期波动相一致的判断。

三、部分行业生产能力超负荷

1998—2007年，中国经济不管是国内情况还是外部经济都比较好，通过观察测度的产能利用率，很多产能利用率大于90%，为此表明部分行业存在产能不足；但是考虑2008年的外部经济危机冲击，那么那些产能不足的制造业行业将更有利于克服2008年外部经济危机带来的不利影响，实现产能利用超负荷的回调。2008—2015年，各行业的产能利用率明显出现下降。

第四章

所有制异质、要素扭曲与产能利用

关于产能过剩成因的实证检验比较缺乏，进而导致产能过剩治理缺乏可信的理论指导①。总体上来说，国内外关于产能过剩成因实证检验的研究比较少，主要原因如下：（1）国外产能过剩主要体现为市场失灵，产能过剩成因囿于行业特殊性而缺乏普遍性。（2）国内的产能过剩研究起步较晚，成因复杂（既有市场失灵共性，又有要素扭曲特性）。虽然这些实证各有侧重地检验了产能过剩的一个或者一些成因，但都未覆盖到产能过剩的一般化成因。因此无法肯定地回答：到底哪些因素导致了中国的产能过剩？各个因素的影响有多大？以及怎样有效地化解过剩产能？这些问题都有待学者进一步实证检验。

本章旨在依据中国国情，弥补现有研究的不足，在前人研究的基础上做了以下多方面的拓展：首先，以第三章标准化可变成本函数测度的中国制造业二分位行业的产能利用率，作为本章产能过剩成因检验的因变量数据；其次，在数据选择上利用《中国工业企业数据库》的微观企业数据进行两位数行业数据汇总，这样有利于获取微观企业产能过剩成因的一般化指标，结合国内外现有产能过剩成因的研究成果，与企业提高产能利用率的实际情况，尽可能纳入一般化的产能过剩成因指标，

① 参考书中第一章的《产能过剩问题研究：文献综述》关于产能过剩成因检验的部分。

进行系统的产能过剩成因实证，以找出产能过剩的真正成因，对症下药治理产能过剩，而不是盲人摸象、无的放矢；再次，在产能过剩成因的指标选取上，笔者结合第一章的产能过剩研究综述和第二章的 DSGE 框架系统地纳入中国产能过剩成因的计量指标，以防止遗漏变量所带来的计量偏差；第四，在产能过剩成因实证方法上，运用了面板固定效应回归、面板随机效应回归与动态面板广义系统矩估计（SYS-GMM）等方法，并考虑不同的资本折旧率设置、使用设备利用率作为代理变量、进行安慰剂检验，以克服内生性问题、测度误差、安慰剂效应等引发的稳健性问题，使产能过剩成因计量的结论尽可能严谨而正确；最后，证实了中国制造业行业的产能过剩成因一般性和特殊性，丰富和推进了现有的产能过剩成因实证研究，有利于系统地认识中国制造业行业的产能过剩成因。

本章剩余结构安排如下：鉴于企业微观视角的产能过剩成因理论相关文献及基于标准化可变成本函数的产能利用率测度理论已经在前文部分中说明①，第一节直接介绍计量模型和变量设定，并说明数据来源及处理方法；第二节对计量结果进行解释和分析，并进行稳健性讨论及扩展；第三节为小结。

第一节　计量模型、变量与数据

一、计量模型设定与变量说明

计量模型中解释变量的设定，既是基于已有的国内外研究成果，同

---

① 企业微观视角的产能过剩成因理论相关文献，请参考第一章的文献综述；标准化可变成本函数的产能利用率测度理论请参考第三章第一节的标准化可变成本函数，产能利用率测度的结果请参考第三章第四节的测度结果。

时也是源于对中国转型背景中特定因素的观察和理解。模型的基本形式设定如下：

$$cu_{jt} = \alpha_0 + \alpha_1 gycqfe_{jt} + \alpha_2 dist_{jt} + \alpha_3 sbc_{jt} + \alpha_4 schjc_t + \alpha_5 zfbt_{jt}$$
$$+ \alpha_6 ldxy_{jt} + \alpha_7 hhi_{jt} + \alpha_8 \ln kl_{jt} + \alpha_9 qjgs_{jt}$$
$$+ \alpha_{10} gydist_{jt} + \alpha_{11} gysbc_{jt} + \alpha_{12} gyschjc_{jt} + \alpha_{13} gyzfbt_{jt} + \alpha_{14} gyldxy_{jt}$$
$$+ \sum_l \beta_l X_{jt} + \gamma_j + \gamma_t + \varepsilon_{jt} \tag{4.1}$$

其中，控制变量 X_{jt} 的集合为：

$$X_{jt} = \beta_1 yfcc_{jt} + \beta_2 ck_{jt} + \beta_3 exit_{jt} + \beta_4 age_{jt} + \beta_5 age_{jt}^2 + \beta_6 size_{jt} + \beta_7 size_{jt}^2 + \beta_8 Lcu_{jt}$$

j，t 分别表示行业（两位数）、年份；cu_{jt} 表示制造业行业的产能利用率。式（3.1b）和式（3.2b）中的相关变量指标来自中国制造业行业数据，源于微观企业层面数据的汇总。具体企业层面的变量指标及其数据来源如下：（1）以经过《中国统计年鉴》的固定资产投资价格指数平减后的企业固定资产净值作为企业资本存量 K 的衡量指标。固定资产净值为固定资产原值合计减去累计折旧。资本折旧率 δ 为 15%。资本变化率 DK 为本年固定资产净值减去上年固定资产净值。（2）借鉴乔根森，考虑固定资产价格 q_t（q_t 采用固定资产投资价格指数代替，数据源于《中国统计年鉴》）变动带来的租赁影响，资本租赁价格 P_{kt} 计算公式为 $P_{kt} = (1+r_t) q_t/q_{t-1} + (\delta-1)$，$r_t$ 采取经居民消费价格指数平减后的中国 1998 年以来一年以上至三年的中长期贷款利率，数据来源于《中国统计年鉴》。（3）以企业从业人数为衡量劳动投入 L 的指标。劳动力价格采用各行业在岗职工的人均薪酬来代替。为了与资本价格保持一致，将历年各行业的在岗职工人均薪酬换算为以 1998 年为基期的人均薪酬（包括职工保险和福利费等），数据来源于《中国工业企业数据库》，进而得到实际劳动力价格指数 P_L。（4）以七大类原材料指数 P_M 平减的行业中间投入合计作为衡量中间投入 M 的指标。（5）企业的可变成本 VC 等于企业的本年薪酬总额（工资加福利及保险等）加中间投入合计。企业的产出 Q 为经工业品出厂价格指数平减后的工业销售产值。另外，使用时间趋势 T 代表企业的技术进步。对测度产能利用率的标准化可变成本函数采用带有参数约束的似不相关回归，并划分中国制造业为劳动密集型行业和非劳动密集型行业（劳动密集型行业和非劳动密集型行业的划分标准，参考曲玥等①）分别进行回归，主要方程的回归系数如下表4.1所示。从表4.1的估计结果可以看出，标准化可变成本函数的估计参数，特别是劳动密集型行业，绝大部分参数都在1%的显著性水平下显著异于零；用于测度产能利用率的估计参数，除劳动密集型的 β_{KK} 在10.5%的显著性水平下显著（劳动密集型行业的资本调整系数不显著，可能体现了资本调整在劳动密集型行业的作用不明显），都满足5%的显著性水平，绝大多数满足1%的显著性水平。总体上表明，标准化可变成本函数的回归结果较好。

表4.1　标准化可变成本函数似不相关回归的主要参数结果

劳动密集型行业方程估计的参数结果　R-sq: 0.9995					
系数	估计值	P>丨z丨	系数	估计值	P>丨z丨
a_0***	−0.7055860	0.0000	a_K***	0.8869827	0.0090
a_{0t}***	0.0581583	0.0000	γ_{KK}**	1.0446000	0.0350
a_M***	2.0742360	0.0000	β_{KK}*	−13.7076900	0.1050
γ_{MM}***	−0.8965925	0.0000	a_{Kt}***	−0.0634592	0.0010
a_{Mt}***	−0.0568889	0.0000	γ_{KM}***	−1.1478040	0.0000
非劳动密集型行业方程估计的参数结果　R-sq: 0.9942					
a_0***	0.6555429	0.0010	a_K***	−2.0037970	0.0000
a_{0t}*	−.00265421	0.0660	γ_{KK}***	1.1017040	0.0040

———————————

①　曲玥，蔡昉，张晓波．"飞雁模式"发生了吗？——对1998—2008年中国制造业的分析［J］．经济学（季刊），2013，12（3）：757-776.

续表

非劳动密集型行业方程估计的参数结果　　R-sq：0.9942					
a_M	0.0660000	0.7620	$\beta_{KK}{}^{***}$	7.4744890	0.0040
γ_{MM}	0.3767432	0.3010	$a_{Kt}{}^{***}$	0.1115286	0.0000
a_{Mt}	−0.0024781	0.9070	$\gamma_{KM}{}^{***}$	1.0561530	0.0000

注：*** 表示在1%的显著性水平下显著，** 表示在5%的显著性水平下显著，* 表示在10%的显著性水平下显著。P值代表拒绝变量原假设的概率。

下面介绍解释变量和控制变量的含义及其预期的符号：（1）产权性质因素（gycqfe）。《中国工业企业数据库》的企业登记注册类型分别为国有企业、集体企业、法人企业、私营企业、港澳台商企业和外商企业。笔者按照其资本构成进行了调整，具体方法如下：首先，把企业的所有制类型分为七大类，国有企业是指国有股份占比超过50%，其他所有制企业的分类依次类推。混合企业就是没有一类所有制股份的控股比例超过50%。这种按照企业实收资本比重划分所有制类型的方法，比单纯根据企业登记注册类型来划分更可靠准确。以国有企业的工业销售产值占对应行业销售总产值的比重来衡量国有产权对行业产能利用率的影响。预期符号为负。（2）要素价格扭曲（dist）。依据标准化可变成本函数测度产能的方法（劳动力价格 w_{jt} 采用以1998年为基期的行业人均工资水平；投入要素价格 $P_{M_{jt}}$ 采用以1998年为基期的中国七大类原材料、燃料、动力购进价格指数），劳动力价格和中间投入价格引发的要素价格扭曲已经体现在测度产能中。标准化可变成本法测度的产能利用率的要素价格扭曲主要体现为各行业的利息 r_{jt}（采用各行业利息支出与负债合计的比值衡量）与银行法定贷款利率的差别，故要素价格扭曲以行业的实际利率与银行法定贷款利率（采取经居民消费价格指数平减后的中国1998年以来一年以上至三年的中长期贷款利率，同时也是测度产能的利率）的偏离度来衡量。对于企业来说，要素价格负向扭曲度存在要素替代效应和收入效应。要素替代效应会导致企业的要素投入结构发生变化，即资本-劳动投入结构发生变化；要素收入效应可能会导致企业扩大生产规模，产生产能扩大效应。面对利率扭曲，企业会利用产能扩大效应来抢占市场或防止市场被抢，预期符号为负。（3）预算软约束（sbc）。借鉴林毅夫等关于企业预算软约束指标的衡量，采用各行业当年利息支出占年末负债总额的比例减去所有行业的均值来衡量。利息支出越少表明预算软约束越大，行业资本结构的调整速度越慢，实际资本结构与目标资本结构之间的偏离程度越大，产能利用率就越低。但是否预算软约束越大，行业产能利用率越低呢？则不一定。（4）市场化进程（schjc）。市场扭曲指标的计算方法如下：以樊纲等①《中国市场化进程指数报告》中的中国各省每年市场化进程总得分为基础，以各省每年制造业销售产值份额为权数，计算中国市场化进程指标。在中国，市场化进程对产能利用存在两面性：市场化进程太慢，则不利于先进企业淘汰落后企业，不利于产能利用的提高；反之，如果市场化进程太快，则可能对所有的国内企业的产能利用都不利（预期政府对外资企业的市场份额存在控制），预期符号不确定。（5）政府补贴（zfbt）。采用行业中所有企业补贴收入总额与行业工业销售总产值之比来衡量政府补贴对行业产能利用率的影响。政府补贴不利于企业缩减产能。然而，若政府对产能利用率低的企业进行补贴，则有利于产能利用率提高。故政府补贴对产能利用率的影响，预期符号不确定。（6）垄断-商业信用因素（ldxy）。采用行业应收账款净额与工业销售产值的比值作为代理变量。行业应收账款净额越低，垄断因素越大，产能利用率

---

① 樊纲，王小鲁，朱恒鹏．中国市场化指数：各地区市场化相对进程2009年报告[M]．北京：经济科学出版社，2010.

低。降低行业的垄断因素有利于产能利用率的提高，但是中国制造业因经济垄断因素低，企业倾向于利用应收账款作为商业信用竞争手段来拓展产品销量，从而不利于产能利用率低的企业退出市场，进而拉低行业产能利用率。应收账款净额越大，产能利用率越低，预期垄断-商业信用因素为负。（7）行业集中度（hhi）。采用企业工业销售产值产生的赫芬达尔指数作为代理变量。行业集中度过低时，产能利用率低；行业集中度过高时，产能利用率也低；中等程度的行业集中度利于产能利用。但是，中国制造业发展的时间短，行业集中度自然偏低。因此，仅需考虑行业集中度的一次项，预期符号为正。（8）不变要素因素（lnkl）。采用行业固定资产净值与全部职工比值的对数代表企业的不变资本要素。技术工人的劳动窖藏引发的产能利用率下降，仅发生于经济萧条时期，而中国制造业处于经济上升周期，故不予考虑。传统观点认为，行业资本密集度越高，调整成本越大，产能利用率就越低。然而，中国制造业的设备投资存在资本体现式技术进步，可能利于产能使用。故预期符号不确定。（9）信息不对称的前景共识（qjgs）。采用行业下一期营业利润率（营业利润与工业销售产值的比值）为代理变量。依据林毅夫等，下一期工业销售产值越大且营业利润越低的行业，越符合信息不对称的前景共识，即代理变量越小，产能利用率越低，预期符号为正。（10）产权性质与要素价格扭曲的交互项（gydist）。预期符号为正。（11）产权性质与预算软约束的交互项（gysbc）。产权性质与预算软约束存在交互关系，预算约束硬化会提高企业产能利用率，预期符号为正。（12）产权性质与市场扭曲的交互项（gyschjc）。预期符号为负。（13）产权性质与政府补贴的交互项（gyzfbt）。判定预期符号取决于政府补贴流入产能利用率低还是产能利用率高的企业。预期符号不确定。（14）产权性质与垄断-商业信用因素的交互项（gyldxy）。国有企业资金充裕，更可能以应收账款作为商业信用的竞争手段来提高企业的产能利用率，预期符号为正。（15）研发产出因素（$yfcc$）。采用行业的新产品产值占工业销售产值的比重衡量。预期符号不确定。（16）出口因素（ck）。采用行业的出口总额占工业销售产值的比重衡量。出口有利于提高企业产能利用率，预期符号为正。（17）退出因素（$exit$）。采用行业中下一期退出的所有企业当期的市场份额（以工业销售产值来计算）来衡量。下一期退出的企业，可能因产能利用恶化或缩减产能规模致使产值低于500万，退出数据库样本，预期符号不确定。（18）行业中的企业年龄因素（age）及其二次项（age_sq）。采用各行业中所有企业的平均年龄衡量。考虑到企业成立后的学习效应和固化效应，预期企业年龄的一次项为正，二次项为负。（19）行业中企业规模因素（$size$）及其二次项（$size\_sq$）。采用各行业中企业从业人数均值的对数来衡量，原因如下：第一，考虑稳健性讨论中采取设备利用率作为产能利用率的代理变量，而设备利用率的计算公式为工业销售产值与资产合计的比值减各年各行业的设备利用率均值，以规避资产作为规模因素指标对设备利用率带来的内生影响；第二，考虑到固定资产在产能测度中的重要作用，以避免固定资产作为规模因素加重规模因素与产能利用率之间的关系。企业规模与企业成本之间存在非线性关系，企业在发展初期存在规模经济，扩产能提高产能利用率；企业超过最优规模之后，扩产会导致产能利用率下降。预期规模因素的一次项为正，二次项为负。（20）上一期产能利用率（Lcu）。考虑产能利用率的滞后性，预期符号不确定。另外，方程中 γ_j、γ_t 分别表示与行业（两位数）、年份相关的未观察因素，ε_{jt} 表示未被观察到的随机扰动项；模型（4.1）的交互项并没有中心化，理由及思想如下：把每个行业视为由国有产权和非国有产权组成，国有产权份额相当于国有产权性质占行业的比例（设国有产权性质为1，非国有产权性质为0），这样相当于模型（4.1）中去掉了非国有产权性质及其与相关的要素扭曲的交互项，产权份额只是个常数项；当然，也可以把模型（4.1）视为微观企业的产能利用率实证模型，此时国有产权份额所代表的产权性质占比退化为 0-1 变量；对于信息不对称的前景共识和退出因素指标的缺失值，采用静态预期的方法进行填补。

二、数据来源与处理方法

使用的数据来源于《中国工业企业数据库：1998—2015》，该数据库基于国家统计局"规模以上工业统计报表"取得的资料整理而成。数据库的统计对象为规模以上工业法人企业，包括全部国有和年主营业务收入 500 万元及以上的非国有工业企业。但值得注意的是，该数据库部分统计样本包含样本匹配错乱、指标异常及数值错漏等问题。根据已有的数据处理经验，进行了如下的数据整理：首先，大致遵循布兰特等和聂辉华等提供的思路进行企业和行业匹配并删除非制造业数据，仅保留中国制造业的企业数据；然后，依据以下原则进行数据筛选：（1）企业工业销售产值及出口交货值为负；（2）企业的各项投入为零或为负，包括职工人数、固定资产净值和中间投入合计；（3）剔除就业人数小于 8 人的企业，因为大多数异常值来自这些没有可靠会计系统的个体户；（4）把劳动待业保险费为空的数据设置为零；（5）删除烟草制造行业，理由如下：1. 烟草制造行业拥有政府经营特许权，存在严重的行政垄断；2. 韩国高等采取《中国工业经济统计年鉴》的两位数行业数据所测度的中国烟草制造业 1999—2008 年产能利用率：最低为 1999 年的 253.57%，最高为 2006 年的 371.99%，可能与现实不符。

经过以上数据整理，依据企业代码和年份，笔者构建了一个以制造业企业为截面单元、时间跨度为 1998—2015 年的大规模非平衡微观面板数据集，每个观察值由反映企业基本情况、投入产出、资产负债、资本构成、收入费用以及利润分配等方面的 47 个变量构成。然后，再以两位数行业为标准进行汇总后获取产能测度与成因实证所涉及的相关指标。

第二节 计量结果与分析

一、基础回归结果

首先不考虑模型（4.1）中的产权性质和其他要素扭曲之间的交互项，暂且不顾模型的动态面板特性，进行简单的面板固定效应回归和随机效应回归，回归结果为表4.2的第1列和第2列。对比第1列和第2列的回归系数及其显著性，有以下发现：（1）面板固定效应和面板随机效应的回归结果相同；（2）核心变量的回归系数不符合预期，主要表现为产权性质的回归系数在1.1%的显著性水平下为正，这与预期不符，可能原因在于模型设置存在遗漏变量导致产权性质的系数估计出现反转。（3）产能利用率的一阶滞后显著为正，表明因变量存在滞后效应，在模型中纳入一阶滞后更符合回归模型的设定。（4）其他变量的回归系数，依赖于模型设置的合理性，有待进一步的检验。

然后再考虑回归模型满足动态性的可能，回归结果如表4.2的第3列。第3列的广义系统矩估计（SYS-GMM）考虑了以下的一些解释变量可能存在逆向因果关系（reverse causality）而导致内生性问题，具体有：（1）预算软约束与企业产能利用率之间存在相互影响：企业既可能因为存在预算软约束影响产能利用率，也可能因为产能利用率低而越有可能发生预算软约束。（2）政府补贴与产能利用率之间存在相互影响：一方面，政府补贴影响企业产能利用率；另一方面，企业产能利用率低更有可能获得政府补贴以提高产能利用率。（3）衡量垄断-商业信用因素的企业应收账款指标与企业产能利用率之间也存在相互影响：一方面，企业应收账款低，代表企业存在垄断势力，不利于产能利用；另一方面，产能利用率低的企业，倾向于以赊售产品的商业信用形式拓展产品销路。（4）控制变量中研发产出、出口和退出样本与企业产能利用率之间存在相互影响：一方面，研发产出、出口和退出样本影响企业产能利用率；另一方面，企业产能利用率越低，越倾向于通过研发产出和出口提高产能利用，也越有可能退出数据样本。（5）剔除要素价格扭曲度、市场化进程与信息不对称的前景共识存在内生性，理由如下：第一，中国利率市场化和市场化进程，从 1998—2015 年都是逐步递进的，利率市场化并未停止；第二，至于信息不对称的前景共识，可能体现为企业下一期采取"降价跑量"的策略提高产能利用率，但这仅对下一期的产能利用产生影响；另外，依据产能测度的成本函数法，企业采取"降价跑量"的策略所导致的产量和价格变化，已经体现在下一期的产能测度之中；第三，考虑要素价格扭曲度、市场化进程与信息不对称的前景共识为内生变量的回归系数及其显著性恶化，间接支持了这样处理的合理性（此部分广义系统矩估计结果可索取）。表 4.2 第 3 列的回归系数存在以下改善：产权性质与要素价格扭曲度的系数变为负，市场化进程的系数变为正。总体来说，所有要素扭曲的回归系数符合预期，广义系统矩估计改善了回归结果。另外，表 4.2 中的第 4 列和第 5 列是考虑了模型存在遗漏变量（纳入产权性质与要素扭曲指标的交互项）的回归结果，可以得出：第一，纳入产权性质与要素扭曲指标的交互项后，产权性质的系数为负，表明产权性质与要素扭曲指标之间确实存在交互影响；第二，产能利用率的一阶滞后依然显著，则明确了模型（4.1）的动态特性确实存在。

综上，考虑到产权性质与要素扭曲指标之间的交互影响及模型设定的动态性，纳入因变量的一阶滞后，把最终回归模型设置为式（4.1）。为了克服变量的内生性，采用广义系统矩估计（SYS-GMM）进行回

归，估计系数及 P 值如表 4.2 第 6 列。在此，对本研究所有的系统
GMM 估计方法作出以下说明：1. 系统 GMM 采取两步法以克服异方差
的影响，并利用万德梅杰① （Windmeijer） 方法对两步法标准差的偏差
进行了矫正；2. 对于回归结果，采用 Hansen 统计量来检验工具变量选
取的有效性，采用以一阶差分转换方程的一阶、二阶序列相关检验 AR
（1）、AR（2）来判断残差项是否序列相关。

从表 4.2 第 6 列的回归结果，可以发现：（1） 滞后一期的产能利用
率显著为正，表明前期的产能利用率对当期有促进作用；（2） 产权性质
的系数虽然仅在 19.5% 的显著性水平下显著，但也表明了产权性质与产
能利用率负相关；（3） 要素扭曲中的要素价格扭曲度、预算软预算和
市场化进程与产权性质的交互项满足 10% 左右的显著性水平，表明产
权性质与各种要素扭曲的交互项确实对行业产能利用率产生了影响；另
外，为了使结论更严谨而有说服力，决定在稳健性讨论之后再计算各种
要素扭曲的产能利用率总效应。（4） 行业集中度的回归系数为 1.73e+
01，在 0.1% 的显著性水平下显著，表明提高行业集中度有利于产能利
用；（5） 信息不对称的前景共识的回归系数为 3.88，在 0.1% 的显著性
水平下显著，表明信息不对称的前景共识确实引起了无序扩产，导致当
期产能利用下降；（6） 回归模型中的控制变量表明：第一，研发产出
并不一定利于产能利用；第二，出口虽可能利于产能利用，但不显著；
第三，行业中退出因素虽不显著但系数为负，存在拉低了产能利用的可
能。第四，年龄因素和规模因素符合预期：二次项为负，一次项为正，
表明企业随年龄成长存在学习效应和固化效应，并存在最优的生产
规模。

---

① WINDMEIJER F. A Finite Sample Correction for the Variance of Linear Efficient Two-Step
GMM Estimators ［J］. *Journal of Econometrics*, 2005, 126 （1）: 25-51.

表 4.2　产能利用率的基础回归相关系数

	(1) FE	(2) RE	(3) SYS-GMM	(4) FE_gy	(5) RE_gy	(6) SYS-GMM-gy
L.cu_bz	0.35389229***	0.35389229***	0.52934542***	0.33631753***	0.33631753***	0.54874226***
	(0.000)	(0.000)	(0.000)	(0.000)	(0.000)	(0.000)
gycqfe	1.14e+00**	1.14e+00**	-0.02904374	-2.24e+00	-2.24e+00	-6.81e+00
	(0.011)	(0.010)	(0.965)	(0.417)	(0.416)	(0.195)
dist	7.20e+00***	7.20e+00***	-1.35e+00	6.52e+00***	6.52e+00***	-4.14e+00**
	(0.001)	(0.001)	(0.355)	(0.004)	(0.004)	(0.042)
sbc	1.26e+02***	1.26e+02***	-2.43e+01	1.10e+02***	1.10e+02***	-7.36e+01*
	(0.001)	(0.001)	(0.386)	(0.006)	(0.005)	(0.060)
schjc	-0.25356958***	-0.25356958***	0.02436384	-0.25569005***	-0.25569005***	0.11714991*
	(0.003)	(0.003)	(0.669)	(0.004)	(0.003)	(0.060)
zfbt	4.72e+00	4.72e+00	-2.43e+01*	-4.92e+00	-4.92e+00	5.98e+01
	(0.713)	(0.713)	(0.085)	(0.851)	(0.851)	(0.607)
ldxy	-1.08e+00	-1.08e+00	-3.24e+00	-0.76252027	-0.76252027	-4.06e+00
	(0.393)	(0.392)	(0.161)	(0.711)	(0.710)	(0.163)
hhi	1.74e+01*	1.74e+01*	8.72e+00	1.60e+01	1.60e+01	1.73e+01***
	(0.073)	(0.072)	(0.467)	(0.113)	(0.112)	(0.001)

续表

	（1）FE	（2）RE	（3）SYS-GMM	（4）FE_gy	（5）RE_gy	（6）SYS-GMM-gy
lnkl	-0.51025808**	-0.51025809**	-0.23775457	-0.46471869**	-0.46471869**	-0.04077632
	(0.019)	(0.018)	(0.182)	(0.048)	(0.047)	(0.835)
qjgs	4.60e+00***	4.60e+00***	3.13e+00*	4.89e+00**	4.89e+00***	3.88e+00***
	(0.009)	(0.009)	(0.059)	(0.010)	(0.010)	(0.000)
yfcc	-0.69779210	-0.69779210	0.27872763	-0.61808894	-0.61808894	-0.07906071
	(0.124)	(0.123)	(0.685)	(0.180)	(0.178)	(0.843)
ck	1.74e+00***	1.74e+00***	-0.43032852	1.74e+00***	1.74e+00***	1.00e+00
	(0.000)	(0.000)	(0.632)	(0.000)	(0.000)	(0.464)
exit	-0.38647567	-0.38647567	-0.49245857	-0.58298690	-0.58298690	-0.48086932
	(0.479)	(0.478)	(0.557)	(0.300)	(0.299)	(0.474)
age	-0.06842153	-0.06842153	0.04391255	-0.09476913	-0.09476913*	0.08535776
	(0.191)	(0.190)	(0.571)	(0.101)	(0.099)	(0.130)
age_sq	0.00181744	0.00181744	-0.00128527	0.00261331	0.00261331	-0.00269924*
	(0.209)	(0.207)	(0.486)	(0.106)	(0.104)	(0.081)
size	2.11e+00	2.11e+00	1.36e+00	1.76e+00	1.76e+00	2.33e+00*
	(0.124)	(0.123)	(0.173)	(0.272)	(0.270)	(0.056)

续表

	(1) FE	(2) RE	(3) SYS-GMM	(4) FE_gy	(5) RE_gy	(6) SYS-GMM-gy
size_sq	-0.20911629*	-0.20911629*	-0.11836147	-0.18443126	-0.18443126	-0.22573536**
	(0.081)	(0.080)	(0.210)	(0.192)	(0.190)	(0.044)
gydist				7.97e+00	7.97e+00	1.90e+01*
				(0.209)	(0.207)	(0.098)
gysbc				1.89e+02	1.89e+02	3.40e+02
				(0.126)	(0.124)	(0.121)
gyschjc				-0.26842792	-0.26842792	-0.76444993*
				(0.402)	(0.401)	(0.090)
gyzfbt				5.01e+01	5.01e+01	-2.32e+02
				(0.603)	(0.603)	(0.557)
gyldxy				0.09756364	0.09756364	9.82e+00
				(0.984)	(0.983)	(0.348)
r2	0.56076053			0.56819665		
F	1.02e+01			8.49e+00		

备注：p-values in parentheses，* $p < 0.10$，** $p < 0.05$，*** $p < 0.01$

二、稳健性讨论

为了保证回归结果的稳健性，进行了以下稳健性检验。

（一）资本折旧率

依据第三章标准化可变成本函数下的产能利用率计算公式，折旧率 δ 越高，资本的租赁价格 P_{kt} 越高，产能产出 Q_t 越小，在实际产出不变的条件下测算的产能利用率越高，表明测算的产能利用率因折旧率的不同而不同，存在因变量的测度误差。资本租赁价格 P_{kt} 计算公式为：

$$P_{kt} = （1+r_t） q_t/q_{t-1}+ （\delta-1）$$

δ 表示给定中国 1998—2015 年间折旧率不变的条件下，不同企业和不同年份的共同折旧率。借鉴余淼杰[①]与聂辉华和贾瑞雪[②]的做法，资本折旧率 δ 被默认设定为 15%。但是不同的资本折旧率通过影响资本租赁价格 P_{kt} 而影响产能产出的测度 ［见式（3.6b）］，进而产生产能利用率的测度误差。依照余淼杰与聂辉华和贾瑞雪，将 15% 作为默认值（表4.2 的第 6 列与表4.3 的第 1 列完全相同，在表4.3 再次列出是为了比较分析），但使用 10% 和 5% 作为不同折旧率来进行稳健性检验[③]。从式（3.6b）可得，折旧率下降，产能产出上升，产能利用率整体下移。从表4.3 中的第 2 列和第 3 列看到，使用不同的折旧率，不但没有

---

① 余淼杰. 中国的贸易自由化与制造业企业生产率 ［J］. 经济研究，2010，45（12）：97-110.

② 聂辉华，贾瑞雪. 中国制造业企业生产率与资源误置 ［J］. 世界经济，2011，34（7）：27-42.

③ 关于折旧率作为稳健性的讨论，之所以选择 15% 作为默认的基准折旧率，主要是为了保持和当前主流文献的一致性，余淼杰和聂辉华等的论文中都是把 15% 作为默认的折旧率。另外，关于不同折旧率下的回归系数显著性，理由如下：1. 折旧率影响资本租赁价格，折旧率越高，资本租赁价格上升，产能产出下降，产能利用率上升，这个是可以肯定的结论。所以可以这么理解：折旧率越高，测度的产能利用率越高，弱化了产权性质对产能利用率的影响。

改变主要核心变量的系数估计符号，反而增加了主要变量的显著性：1. 产权性质的系数随折旧率的下降变得在 5% 的显著性水平上为负；2. 在不同的折旧率下，要素价格扭曲度和预算软约束及其与产权性质的交互项，都在 10% 的显著性水平上显著，要素价格扭曲度和预算软约束的系数为负，交互项的系数都为正，表明要素价格扭曲有利于国有企业的产能利用，预算软约束不利于国有企业的产能利用；3. 市场化进程及其与产权性质的交互项的显著性水平随折旧率的下降先上升后下降，但市场化进程的系数始终为正，其与产权性质的交互项始终为负；4. 政府补贴及其与产权性质的交互项始终不符合显著性要求；5. 垄断-商业信用因素随折旧率的下降而越发显著，且系数始终为负；其与产权性质的交互项变得显著为正，表明垄断-商业信用因素利于国有企业的产能利用；6. 行业集中度、信息不对称的情景共识在不同折旧率下依然非常显著，且系数符号不变。综上可得，在折旧率下降、产能利用率下降时，总体上，产权性质与要素扭曲因素及其之间的交互项变得越发显著。

（二）替代因变量

鉴于不同折旧率下的产能利用率回归系数显著性的变化，致使我们有理由怀疑标准化可变成本函数法测度的产能利用率存在问题。为了排除此种可能存在的误测问题，笔者使用传统的设备利用率指标作为产能利用率的代理变量。设备利用率的计算方法如下：

$$cu\_sb_{jt} = Q_{jt}/zchj_{jt} - ave\left(\sum_{j=1}^{N} Q_{jt}/zchj_{jt}\right)$$

其中，j 和 t 分别表示制造业行业和年份，cu_sb_{jt} 为中国制造业各行业剔除了年份影响的设备利用率，$Q_{jt}/zchj_{jt}$ 为每年各个行业经工业品出厂价格指数平减后的工业销售产值 Q_{jt} 与行业总资产 $zchj_{jt}$ 之比，$ave\left(\sum_{j=1}^{N} Q_{jt}/zchj_{jt}\right)$ 为每年各个行业的设备利用率均值，以剔除各个行业的固定效应的影响。具体回归系数如表 4.3 第 4 列，结果表明：1. 设备利用率指标的一阶滞后显著为正，符合动态模型的设置；2. 虽然设备利用率的大多数系数皆不显著，但是所有的回归系数符号与产能利用率的回归系数符号一致，致使我们有理由相信，产能利用率指标优于设备利用率指标，更能体现中国制造业产能利用的成因。

（三）安慰剂检验

为了进一步验证产权性质与要素扭曲及其交互项对制造业行业产能利用的作用机制，笔者采用了安慰剂检验（placebo test），分别以外商产权份额与非国有内资产权份额来代替产权性质进行稳健性检验。我们预期，外商产权份额及其与各种要素扭曲的交互项的作用机制，与产权性质及其与各种要素扭曲交互项的作用机制完全相反。表4.3第5列为外商产权份额代替产权性质的回归系数，与预期完全相同：外商产权份额及其与各种要素扭曲交互项的系数皆不显著，且与表4.3前4列的对应系数完全相反，其他控制变量的系数却与表4.3前4列的一致，这表明产权性质及其与要素扭曲的交互机制确实存在。另外，笔者还将非国有内资产权份额作为产权性质的替代变量，进行了佐证，结果如表4.3第6列。非国有内资产权份额及其与各种要素扭曲的交互项的回归系数，除了非国有内资产权份额与政府补贴的交互项与表4.2第5列不一致之外，其他都一致，进一步论证了产权性质及其与要素扭曲交互的产能利用机制。另外，非国有内资产权份额与政府补贴的交互项，与外商产权份额与政府补贴的交互项的系数符号相反，可能源于非国有内资企业也存在大量的政府补贴；同时，产权性质及非国有内资产权份额与政府补贴的交互项皆不显著（另外，本研究也考虑了剔除产权性质与政府补贴的交互项的模型，政府补贴依然不显著），可能源于政府补贴不存在明显地"奖优"或"扶贫"倾向（既没有专门补贴产能利用率高的企业，也没有仅补贴产能利用率低的企业，即政府补贴具有随机性），导致政府补贴对产能利用的作用机制不显著。

表4.3　产能利用率回归的稳健性检验

	(1) 折旧率为15%	(2) 折旧率为10%	(3) 折旧率为5%	(4) 设备利用率	(5) 外商产权份额	(6) 国内非国有产权份额
L.cu_bz	0.54874226*** (0.000)	0.57626560*** (0.000)	0.67394282*** (0.000)	0.92962655*** (0.000)	0.68720164*** (0.000)	0.61219576*** (0.000)
(4)L.cu_sb						
gycqfe	-6.81e+00 (0.195)	-9.95e+00 (0.106)	-1.53e+01** (0.035)	-7.99e+00 (0.165)	2.10e+01* (0.053)	1.42e+01 (0.132)
(5)wscqfe						
(6)sycqfe						
dist	-4.14e+00** (0.042)	-5.29e+00** (0.035)	-6.24e+00** (0.016)	-1.47e+00 (0.129)	7.46e+00 (0.120)	1.54e+01 (0.113)
sbc	-7.36e+01* (0.060)	-8.99e+01** (0.020)	-9.26e+01** (0.042)	-2.90e+01 (0.137)	1.51e+02* (0.073)	2.92e+02 (0.133)
schjc	0.11714991* (0.060)	0.12788656** (0.023)	0.10499526 (0.163)	0.01410844 (0.381)	-0.11603004 (0.277)	-0.33948958 (0.256)
zfbt	5.98e+01 (0.607)	1.22e+02 (0.459)	1.74e+02 (0.256)	4.50e+01 (0.160)	3.69e+01 (0.597)	1.52e+02 (0.617)
ldxy	-4.06e+00 (0.163)	-5.81e+00* (0.098)	-8.65e+00** (0.049)	-4.46e+00 (0.169)	3.00e+00 (0.385)	1.64e+00 (0.861)

续表

	（1）折旧率为15%	（2）折旧率为10%	（3）折旧率为5%	（4）设备利用率	（5）外商产权份额	（6）国内非国有产权份额
hhi	1.73e+01***	2.14e+01***	2.89e+01***	6.33e+00**	1.46e+01*	1.24e+01
	(0.001)	(0.002)	(0.000)	(0.028)	(0.066)	(0.147)
lnkl	-0.04077632	0.05734239	0.28117011	0.14745120	0.31945606	-0.34868777
	(0.835)	(0.824)	(0.430)	(0.342)	(0.325)	(0.149)
qjgs	3.88e+00***	4.53e+00***	7.02e+00***	1.07e+00	2.33e+00	3.60e+00
	(0.000)	(0.001)	(0.000)	(0.421)	(0.148)	(0.118)
yfcc	-0.07906071	-0.28577026	-0.64231662	-0.35139714*	-0.62606244	0.52769992
	(0.843)	(0.450)	(0.216)	(0.090)	(0.425)	(0.358)
ck	1.00e+00	1.93e+00	3.75e+00	0.96695864	2.75e+00	-0.83981376
	(0.464)	(0.361)	(0.145)	(0.250)	(0.228)	(0.418)
exit	-0.48086932	-0.44843746	0.17879056	0.03164829	-1.70e+00	0.54664121
	(0.474)	(0.487)	(0.795)	(0.887)	(0.153)	(0.399)
age	0.08535776	0.13641942*	0.26987672*	0.08064358	0.09083058	0.00460689
	(0.130)	(0.078)	(0.051)	(0.240)	(0.271)	(0.945)
age_sq	-0.00269924*	-0.00427237*	-0.00828262**	-0.00234332	-0.00251234	-0.00047172
	(0.081)	(0.062)	(0.041)	(0.236)	(0.230)	(0.785)

	(1) 折旧率为 15%	(2) 折旧率为 10%	(3) 折旧率为 5%	(4) 设备利用率	(5) 外商产权份额	(6) 国内非国有产权份额
size	$2.33e+00^*$	$1.85e+00^*$	-0.31379632	$-1.21e+00^*$	-1.55e+00	1.14e+00
	(0.056)	(0.099)	(0.850)	(0.092)	(0.286)	(0.306)
size_sq	-0.22573536^{**}	-0.19172551^{**}	-0.01654194	0.09940037	0.12965310	-0.10769627
	(0.044)	(0.043)	(0.904)	(0.103)	(0.289)	(0.263)
gydist	$1.90e+01^*$	$2.43e+01^*$	$2.78e+01^{**}$	1.12e+01	$-4.08e+01^*$	$-2.80e+01^*$
(5) wsdist	(0.098)	(0.061)	(0.043)	(0.152)	(0.068)	(0.094)
(6) sydist						
gysbc	3.40e+02	$4.10e+02^*$	$4.24e+02^*$	2.31e+02	$-7.23e+02^*$	-5.13e+02
(5) wssbc	(0.121)	(0.064)	(0.097)	(0.154)	(0.062)	(0.121)
(6) sysbc						
gyschjc	-0.76444993^*	-0.84375686^{**}	-0.58555838	-0.19114256	0.73455424	0.64521105
(5) wsschjc	(0.090)	(0.029)	(0.200)	(0.210)	(0.131)	(0.212)
(6) syschjc						
gyzfbt	-2.32e+02	-3.54e+02	-1.95e+02	-9.74e+01	5.74e+02	-2.53e+02
(5) wszfbt	(0.557)	(0.416)	(0.629)	(0.102)	(0.271)	(0.591)
(6) syzfbt						

续表

	（1）折旧率为15%	（2）折旧率为10%	（3）折旧率为5%	（4）设备利用率	（5）外商产权份额	（6）国内非国有产权份额
gyldxy	9.82e+00	1.68e+01	2.91e+01*	1.88e+01	-9.81e+00	-6.87e+00
	（0.348）	（0.203）	（0.098）	（0.205）	（0.376）	（0.659）
（5）wsldxy						
（6）syldxy						

注：p-values in parentheses，* $p < 0.10$，** $p < 0.05$，*** $p < 0.01$。

三、要素扭曲的产能利用率边际总效应

为了进一步清晰明了地判断各种要素扭曲对行业产能利用率的影响，把每个行业划分为国有产权与非国有内资产权及行业总体这三大类，可以发现：1. 国有产权份额随时间逐步下降，非国有内资产权份额在逐步上升；2. 三种划分标准的要素价格负向扭曲度都趋于上升；3. 非国有内资产权不存在预算软约束，虽然其预算约束硬化趋于下降，而国有产权的预算软约束虽在 2002 年和 2003 年硬化为正，但到 2004 年之后一直为负，且逐年恶化；4. 三种划分标准的垄断–商业信用因素都趋于下降。

对待产能过剩，我们应该采取"宁可信其有，不可信其无"的态度，为此采取表 4.3 前 3 列的回归系数计算各种要素扭曲（产权性质、要素价格负向扭曲、预算软约束、市场化进程与垄断–商业信用因素，剔除不同折旧率回归下皆不显著的政府补贴）的产能利用率总效应。具体计算方法仅以表 4.3 第 1 列的产权性质为例，计算公式如下：

$$\partial\ cu\_\ bz_{jt}/\partial\ gycqfe = \alpha_1 + \alpha_{10}dist_{jt} + \alpha_{11}sbc_{jt} + \alpha_{12}schjc_{jt} + \alpha_{13}zfbt_{jt} + \alpha_{14}ldxy_{jt}$$

其中 α_i 为式（4.1）中的系数，具体数值为表 4.3 前 3 列的系数。然后，以每年各行业的各种要素扭曲边际效应的行业均值来体现其对产能利用率的影响，表明：1. 在不同折旧率下各种要素扭曲的产能利用率总效应的行业均值走势相同，不同的是在 15% 折旧率下产权性质和垄断–商业信用因素的边际产能利用率一直为正，而在 10% 和 5% 的折旧率下产权性质和垄断–商业信用因素的边际产能利用率一直为负，对此我们依然采取"宁可信其有，不可信其无"的态度，以折旧率为 5% 的结果为标准；2. 要素价格负向扭曲度对行业产能利用率的影响经历了由正到负的转变，在折旧率为 5% 时转折点为 2000 年，在折旧率为 10% 和 15% 时转折点为 2001，随后产能过剩效应逐年增强；3. 预算约

束硬化对行业产能利用率的影响在不同折旧率下走势相同：经历了由正到负的转变，转折点为 2001 年，且在 2001 年后其产能过剩效应在逐年增强；4. 市场化进程的产能利用率边际效应由负到正，转折点为 2000年（折旧率为 5% 和 10%）和 2001 年（折旧率为 15%），随后产能利用效应逐年增强。

综上，可以总结出中国制造业行业的产能过剩成因及其走势：（1）产权性质的产能过剩效应在增强；（2）要素价格负向扭曲度的产能过剩效应在增强，而两大类产权的要素价格负向扭曲度却在增强，加重了行业的产能过剩；（3）2001 年后，预算约束硬化的产能过剩效应在增强；（4）市场化进程的产能利用率边际效应由负变为正，不同折旧率下的转折点分别为 2002（折旧率为 5%）和 2003 年（折旧率为 10% 和 15%），随后其产能利用效应逐步增强；（5）国有产权与非国有内资产权的垄断-商业信用因素的产能过剩效应在增强，而垄断-商业信用因素在下降。

第三节　小结

本章主要是利用《中国工业企业数据库：1998—2015》的微观企业汇总数据，系统考察了中国制造业行业的产能利用率成因及其变化。主要研究结论如下：（1）产权性质不仅自身与产能利用存在负相关（考虑折旧率为 5% 和 10%），而且与要素价格负向扭曲、预算软约束、市场化进程和垄断-信用因素产生交互作用；（2）以利率衡量的要素价格负向扭曲度，其产能过剩效应在增强；（3）预算约束硬化的产能过剩效应在增强；（4）产权性质的预算软约束在恶化且产生产能利用效应；（5）加快市场化进程有利于提高行业的产能利用率，政府补贴对行业产能利用率的影响不显著。（6）垄断–商业信用因素的产能过剩效应在增加，但垄断–商业信用因素自身在减弱。（7）提高行业集中度，有利于行业产能利用率的提高。（8）信息不对称的前景共识确实产生了产能过剩效应。

　　本章的主要政策含义如下：（1）加快企业改革进程，优化企业产能利用率；（2）加快推进利率市场化进程，降低利率扭曲，推进和完善银行授信评级体制，使资金流入产能利用率高的企业；（3）政府应鼓励和促进企业兼并重组，提高行业集中度；（4）工信部每年定期地编制和发布中国制造业各行业的产能利用状况信息表，降低信息不对称的前景共识对产能过剩的影响。（5）从产能利用的角度，加快市场化进程，提高中国制造业行业的产能利用率。

第五章

要素扭曲的产能出口门限假说：
以产能利用率为门限值

　　依据第二章的 DSGE 框架和图 2.1 的产能过剩形成机理图，表明所有制异质和晋升激励引发的产能过剩，部分通过出口进行了化解。鉴于第二章主要是研究中国产能过剩的形成机理图，故笔者只是在 DSGE 框架中纳入了出口部门并没有在第二章中深入研究中国制造业的产能过剩与出口行为之间的关系。本章将在 DSGE 框架的基础上把产能利用率指标纳入梅里兹（Meltiz，2003），通过考虑国外居民对中国制造业产品的进口需求并建立外国消费者的效用－出口函数，分析在要素扭曲下不同产能利用率行业的出口行为异质性，即主要研究中国制造业行业在不同产能利用率下的出口行为差异。

　　依据第四章关于中国制造业产能过剩的成因研究表明，产权性质、要素价格扭曲、政府补贴和市场分割等因素导致了中国制造业的产能过剩。同时，关于中国制造业出口的成因研究却表明，要素价格扭曲、政府补贴、市场分割等要素扭曲提升了中国制造业出口的总量和数量，降低了中国制造业产品的出口价格。依据以上研究成果可以做出以下推断：要素扭曲在导致产能过剩的同时，却通过"低价跑量"的出口行为化解了过剩产能。这个推断若成立，那么产能利用率对中国制造业出口行为的影响将会显得异常重要，理由如下：1. 产能利用率高的企业会采取缩减出口以增加内销的策略来实现利润最大化，而产能利用率低的企业才会通过低价出口来化解过剩产能，即产能利用率高低的不同导致了企业选择截然不同的利润最大化策略：内销还是出口；2. 产能利用率高的企业，是否大多数生产率比较高？如果高产能利用率企业对应着高生产率的话，那么意味着高产能利用率且高生产率的企业的理性选择是内销，而不是出口，产能利用率将是中国制造业企业"生产率悖论"的成因。

然而，现有涉及产能利用与出口关系的研究，仅有为数不多的几个文献。豪厄尔（Howell）等[1]对 1974 年后欧洲共同体碳钢产业进行了研究，认为各国政府的补贴导致了各国拥有过剩的碳钢生产能力，并以低于国内的价格到出口市场上去倾销。布洛尼根（Blonigen）和威尔逊（Wilson）[2]在施泰格（Staiger）和沃拉克（Wolak）[3]的周期性倾销模型的基础上纳入外国政府对企业的补贴，理论推演了面对本土市场需求冲击，国外企业如何把过剩产能倾销到美国市场，并以 1979—2002 年美国反倾销案例的数据证实了外国政府补贴提升了其对美国市场的出口数量，并且还发现这些国家为发展中国家，尤其是拉丁美洲的阿根廷、巴西和委内瑞拉。江小涓[4]采用 2000 年 1 月到 2005 年 4 月的《工业统计月报》相关数据，实证表明以固定资产净值的增长率表示的生产能力增长对出口增长有正向影响，由此认为产能过剩的行业因面临激烈的

① HOWELL T R, NOELLER W A, KREIER J G, 等 . Steel and the State：Government Intervention and Steel's Structural Crisis ［M］. New York：Routledge, 1989.

② BLONIGEN B A, WILSON W W. Foreign Subsidization and Excess Capacity ［J］. Journal of International Economics, Elsevier, 2010, 80（2）：200-211.

③ STAIGER R, WOLAK F A. The Effect of Domestic Antidumping Law in the Presence of Foreign Monopoly ［J］. Journal of International Economics, 1992, 32（3-4）：265-287.

④ 江小涓 . 我国出口商品结构的决定因素和变化趋势 ［J］. 经济研究, 2007, 42（5）：4-16.

国内竞争而走出口导向的发展之路。杨汝岱①则采用 1994 年到 2005 年的分行业面板数据，实证表明以行业的全员劳动生产率和工业增加值增长速度所反映的行业竞争程度与出口增长之间呈负相关，从而再次肯定了"产能过剩行业走出国门开拓国际市场"的论断。第二章的 DSGE 理论框架说明了中国的产能过剩与出口之间的关系，认为大量的出口需求化解了中国的过剩产能。以上文献虽然发现了产能过剩促进出口的动力机制，但是没有真正地从产能利用率的视角来研究出口行为。

本章旨在填补以上研究的空白，在出口成因中纳入产能利用率，并依据出口产品价格低于国内价格的事实，提出产能利用率作用于出口行为的内在机理：产能利用率高的企业，因为产品出口价格低于国内价格，采取减少出口以增加内销的策略来实现利润最大化；而产能利用率低的企业，为了实现成本最小化（体现为要素成本和机会成本）到出口市场上去化解过剩产能。理论上，笔者以梅里兹（Meltiz）的异质性企业出口模型和本研究第二章的产能过剩 DSGE 模型为基础，纳入产能利用率和要素扭曲的生产成本效应，分析了产能利用率及其与要素扭曲的交互作用对不同产能利用率企业出口行为的影响；实证上，本章以《中国工业企业数据库》为基础，采用产能利用率的虚拟变量法和门限法检验了产能利用率及其与要素扭曲的交互作用对中国制造业两位数行业的出口行为的影响；结论上，证明了产能利用率确实对中国制造业行业的出口行为产生了门限效应：高产能利用率的行业出口强度低，要素扭曲对产能利用率不同的行业有着不同的边际效应。

本章剩余结构安排如下：第一节为理论模型；第二节介绍计量模型和变量设定，并说明数据来源和处理方法及变量的描述性统计；第三节

---

① 杨汝岱. 中国工业制成品出口增长的影响因素研究：基于 1994—2005 年分行业面板数据的经验分析 [J]. 世界经济，2008，31（8）：32-41.

对线性回归结果和面板门限回归结果进行解释和分析；第四节为结论及政策性含义。

第一节　理论模型

本章的理论模型主要是在梅里兹（Meltiz）的基础上进行拓展，具体拓展如下：依据中国的要素扭曲和产能过剩事实，在 DSGE 模型的基础上考虑企业产能利用率与出口行为之间的关系，并在梅里兹的异质性企业出口模型的基础上，纳入竞争性补贴的生产成本效应，以体现产能利用率和要素扭曲对中国制造业出口行为的影响，使得梅里兹的模型更加符合中国真实经济中的实际情况。

一、进口国

假设进口国代表性消费者 j 的效用函数为：

$$u_j = \left[\sum_{\omega \in \Omega} q_j(\omega)^{(\sigma-1)/\sigma} \right]^{\sigma/(\sigma-1)} \tag{5.1}$$

其中，$q_j(\omega)$ 为进口国代表性消费者 j 在产品 ω 上的消费数量，Ω 为消费者可选择的消费产品集，σ 为不同产品之间的替代弹性。依据消费者理论，代表性消费者 j 的需求函数 q_j 和支出函数 r_j：

$$q_j(\omega) = Q \left[p(\omega)/P \right]^{-\sigma}, \ r_j(\omega) = PQ \left[p(\omega)/P \right]^{1-\sigma} \tag{5.2}$$

其中 P 为进口国产品价格指数：$P = \left[\int_{\omega \in \Omega} p(\omega)^{1-\sigma} d\omega \right]^{1/(1-\sigma)}$。

二、本土市场

首先，考虑中国的本土市场状况，暂且考虑不存在出口行为。假设中国的产品生产市场为垄断竞争市场，生产者通过购买资本和雇佣劳动来生产差异化的产品 i。假设生产技术为规模报酬不变与劳动市场完全竞争，生产者生产产品 i 的函数为：

$$Y_t(i) = (A_t L_t(i))^b K_t(i)^{1-b} \tag{5.3}$$

其中，A_t 为技术水平，$L_t(i)$ 为劳动力需求，$K_t(i)$ 为资本存量，b 为劳动的产出弹性。

考虑要素扭曲引发的产值最大化目标，生产者 t 期的企业净现值（NPV）为：

$$\Gamma_t(i) = (1-s_q)[P_t(i)Y_t(i) + P_t M_t(1-\delta)K_t(i) - W_t N_t(i) - P_t R_{kt} M_{t-1} K_t(i)] + s_q[P_t(i)Y_t(i)] \tag{5.4}$$

其中，M_t 为资本相对总体价格水平 P_t 的价格，δ 为折旧率，R_{kt} 为实际资本收益率，s_q 为企业获得的竞争性补贴引发的产能乘数效应，$s_q \in [-\infty, 1]$。当 $s_q = 1$ 时，表示企业完全追求产能最大化；当 $s_q = 0$ 时，表示企业在产能适中的条件下追求利益最大化；当 $s_q < 0$ 时，表示企业在产能不足的条件下追求利润最大化。通过一阶条件得到如下的式（5.5）、式（5.6）和式（5.7）：

$$N_t(i) = \frac{1}{1-s_q} \frac{bY_t(i)P_t(i)}{w_t \quad P_t} \tag{5.5}$$

$$k_t(i) = \frac{1}{1-s_q} \frac{(1-b)}{[M_{t-1}R_{kt} - M_t(1-\delta)]} \frac{Y_t(i)}{} \frac{P_t(i)}{P_t} \tag{5.6}$$

$$cu_t(i) = 1/(1-s_q) \tag{5.7}$$

式（5.5）和式（5.6）表示企业存在过剩产能时的劳动和资本投入量。式（5.7）表明，竞争性补贴导致了企业在本土市场拥有过剩产能：竞争性补贴越严重，产能乘数效应 s_q 越大，产能利用率 $cu_t(i)$ 越低。

三、出口市场

面对要素扭曲导致的过剩产能，我们不禁要问：难道企业会非理性地无限扩大产能？如果没有，那么企业会如何进行权衡？笔者认为，面对源于要素扭曲的竞争性补贴，企业会依据当前的产能利用率，理性地选择是扩大产能还是利用其生产成本效应到出口市场去化解过剩产能。借鉴欧美国家关于产能利用率区间划分的经验，把产能利用率状况划分为产能过剩、产能适中与产能不足这三个区间虚拟变量。依据式（5.7），企业在 $t-1$ 期的产能过剩状况为 $s_q Y_{t-1}(i)/(1-s_q)$。当 $s_q<0$ 时，$s_q Y_{t-1}(i)/(1-s_q)$ 表示为企业的不足产能；当 $s_q=0$ 时，$s_q Y_{t-1}(i)/(1-s_q)$ 表示为企业的适中产能；当 $0<s_q\leqslant 1$ 时，$s_q Y_{t-1}(i)/(1-s_q)$ 表示为企业的过剩产能。当产能不足时，要素扭曲带来的竞争性补贴激励企业扩大产能，同时依据出口产品价格低于国内价格的事实，产能不足的企业扩产后增加本土市场的供给以实现利润最大化，导致行业供给增加、市场竞争越发激励；当产能适中时，要素扭曲带来的竞争性补贴既有产能扩大效应也有产能出口效应，因为对产能适中的企业来说，它既想扩大市场份额又要考虑产品销路，即要素扭曲的竞争性补贴被一分为二，分别用于扩大产能和拓展市场。依据出口产品价格低于国内价格的事实，可以推断不同产能利用率的企业在 $t-1$ 期末所作出的 t 期出口动态策略：产能不足的企业为了实现利润最大化会选择仅在本土市场销售产品，t 期出口动力不足；产能适中的企业在 $t-1$ 期已经通过出口市场化解了过剩的产能，在无要素扭曲增量的情况下会采取静态预期策略致使 t 期出口不变；产能过剩的企业在 $t-1$ 期囿于产品在国外市场没有价格竞争优势，无法化解或者仅化解了部分的过剩产能，t 期会进一步降低出口产品价格以化解过剩产能，致使 t 期出口强度增加和产能利用率提高。

现在考虑在 t 期，企业的上期产能利用率与要素扭曲（要素价格扭曲、政府补贴、市场分割与出口退税政策）的交互作用对出口行为的影响。要素价格扭曲和政府补贴对企业来说，既有生产成本效应也有产能扩大效应；市场分割则会迫使企业寻求国际市场来化解过剩产能。要素价格扭曲和政府补贴，对产能不足（$s_q < 0$）和产能适中（$s_q = 0$）的企业有产能扩大效应和产能出口效应；对产能过剩（$0 < s_q \leqslant 1$）的企业则先仅有产能出口效应，只有要素扭曲较大时才会产生产能扩大效应。降低区域市场分割，促进市场一体化，对不同产能利用率企业的影响从理论上则难以确定，因为不清楚企业的高产能利用率与高生产率的正向关联度，需以实证为准。

以下分析要素价格扭曲和政府补贴的生产成本效应对企业出口行为的影响。假设企业出口使用成本加成定价法，暂且不考虑竞争性补贴的生产成本效应，假设企业生产单位产品 i 的要素投入的综合为 χ_i，以 χ_i^{-1} 表示产品 i 的要素综合生产率，体现了不同企业的生产效率指标。企业没有生产成本效应时的出口定价 $P_t(i)$ 为 $\dfrac{\sigma}{\sigma-1}P\chi_i$，存在竞争性补贴的生产成本效应时的出口定价 $P_t(i)$ 为：

$$P_t(i) = \frac{\sigma}{\sigma-1}\frac{P\chi_i}{s_p} \tag{5.8}$$

其中，$s_p > 1$ 为企业获得的竞争性补贴引发的生产成本效应。

假设贸易成本为冰山运输成本，等于 $\vartheta_j P_t(i)$ 代入式（5.2），可得企业出口的数量和价值量为：

$$q_j(\omega) = Q\left(\frac{\sigma}{\sigma-1}\frac{\vartheta_j P\chi_i}{P}\right)^{-\sigma}s_p^{\sigma}, \ r_j(\omega) = PQ\left(\frac{\sigma}{\sigma-1}\frac{\vartheta_j P\chi_i}{P}\right)^{1-\sigma}s_p^{\sigma-1} \tag{5.9}$$

综上可得如下命题：高产能利用率的企业，基于产品出口价格低于国内价格的事实，会采取缩减出口增加内销的策略以实现利润最大化，即高产能利用率企业的出口反而少；当行业上期的产能利用率低于某一水平值时，竞争性补贴对企业产生生产成本效应，提升企业当期出口，即当企业产能过剩时，上期的产能利用率与当期的竞争性补贴之间存在交互作用，提升了当期的出口强度①；当上期的产能利用率高于某一水平值时，企业上期的产能利用率越高，竞争性补贴能否促进出口强度，则取决于企业的新增产能大小。如果新增产能较大，则可能会导致出口强度增加；反之，则只会增加内销。

第二节　模型设定、变量说明与描述性统计

一、计量模型设定与变量说明

基于已有的国内外研究成果，同时也是源于对中国转型背景中特定因素的观察和理解，建立如下的基准计量模型：

$$ck_{jt} = \alpha_0 + \alpha_1 tfp_{jt} + \alpha_2 Lcu_{jt} + \alpha_3 Lcu_{jt\_}sq + \alpha_4 gycq_{jt} + \alpha_5 r_{jt} + \alpha_6 zfbt_{jt}$$
$$+ \alpha_7 sch_t + \alpha_8 yfcc_{jt} + a_9 size_{jt} + \alpha_{10} w_{jt} + \alpha_{11} mjd_{jt} + \alpha_{12} hhi_{jt} + \alpha_{13} fzqj_{jt}$$
$$+ a_{14} zyhfg_{jt} + a_{15} age_{jt} + a_{16} age_{jt}^2 + a_{17} gycq^* r_{jt} + a_{18} gycq^* zfbt_{jt}$$
$$+ a_{19} gycq^* sch_{jt} + \gamma_j + \gamma_t + \varepsilon_{jt} \tag{5.10}$$

为了考察不同产能利用率水平下，行业的要素扭曲与出口强度之间的联系差异，对式（5.10）进行以下扩展：借鉴博尔曼②（Bormann）的做法构建了产能利用率的虚拟变量 $LcuD$，并将其与各种要素扭曲和新产品产值的交互项引入方程。扩展后的模型形式如下：

$$ck_{jt} = \alpha_0 + \alpha_1 tfp_{jt} + \alpha_2 Lcu_{jt} + \alpha_3 Lcu_{jt\_}sq + \alpha_4 gycq_{jt} + \alpha_5 r_{jt} + \alpha_6 zfbt_{jt}$$
$$+ \alpha_7 sch_t + \alpha_8 yfcc_{jt} + a_9 size_{jt} + \alpha_{10} w_{jt} + \alpha_{11} mjd_{jt} + \alpha_{12} hhi_{jt} + \alpha_{13} fzqj_{jt}$$

---

① 企业当期实际产能为 Q（没有达到产能产出），出口为 M，出口强度为 M/Q；当出口增加 dm 时，出口强度为（M+dm）/（Q+dm），出口强度增加。

② BORRMANN A, BUSSE M, NEUHAUS S. Institutional Quality and the Gains from Trade [J]. Kyklos, 2006, 59（3）：345-368.

$$+\alpha_{14}zyhfg_{jt}+a_{15}age_{jt}+a_{16}age_{jt}^2+a_{17}gycq*r_{jt}+a_{18}gycq*zfbt_{jt}$$

$$+a_{19}gycq*sch_{jt}+a_{20}LcuD*r_{jt}+a_{21}LcuD*zfbt_{jt}+a_{22}LcuD*sch_{jt}$$

$$+a_{23}LcuD*yfcc_{jt}+\gamma_j+\gamma_t+\varepsilon_{jt} \tag{5.11}$$

j，t 分别表示行业（二分位代码）、年份；ck_{jt} 表示制造业行业的出口强度，为两位数行业的出口额与工业销售产值之比。Lcu_{jt} 为制造业行业上期的产能利用率（书中所有以 L 为开头的变量，均表示该变量的滞后一期）；产能利用率的具体算法为第三章的标准化可变成本函数法，数据来源如下：（1）以经过《中国统计年鉴》的固定资产投资价格指数平减后的企业固定资产净值作为企业资本存量 K 的衡量指标。固定资产净值为固定资产原值合计减去累计折旧。资本折旧率 δ 设定为 15%。资本变化率 DK 为本年固定资产净值减去上年固定资产净值。
（2）借鉴乔根森（Jorgenson，1963），考虑以固定资产投资价格指数（数据源于《中国统计年鉴》）代替固定资产价格 q_t 变动带来的租赁影响，资本租赁价格 P_{kt} 计算公式为 $P_{kt}=(1+r_t)\ q_t/q_{t-1}+(\delta-1)$，产能利用率测度中的 r_t 采用经居民消费价格指数平减后的中国 1998 年以来一年以上至三年的中长期贷款利率，数据来源于《中国统计年鉴》。
（3）以企业从业人数衡量劳动投入 L。劳动力价格采用各行业在岗职工的人均薪酬（包括职工保险和福利费等）来代替。为了与资本价格保持一致，将历年各行业的在岗职工人均薪酬换算为以 1998 年为基期，数据来源于《中国工业企业数据库》，进而得到实际劳动力价格指数 P_L。（4）以七大类原材料指数 P_M（韩国高等，2011）平减的行业中间投入合计作为衡量中间投入 M 的指标。（5）企业的可变成本 VC 等于企业本年薪酬总额（工资加福利及保险等）加中间投入合计。企业的产出 Q 为经工业品出厂价格指数平减后的工业销售产值。另外，使用时间趋势 T 代表企业的技术进步。对测度产能利用率的标准化可变成本函数采用带有参数约束的似不相关回归，并划分中国制造业为劳动密集型行业和非劳动密集型行业，划分标准参考曲玥等，主要方程的回归系数如下表 5.1 所示。从表 5.1 的估计结果可以看出，标准化可变成本函数的估计参数，特别是劳动密集型行业，绝大部分参数都在 1% 的显著性水平下显著异于零；用于测度产能利用率的估计参数，除劳动密集型的 β_{KK} 在 10.5% 的显著性水平下显著（劳动密集型行业的资本调整系数不显著，可能体现了资本调整在劳动密集型行业的作用不明显），都满足 5% 的显著性水平，且绝大多数满足 1% 的显著性水平。总体上表明，标准化可变成本函数的回归结果较好。

表 5.1　标准化可变成本函数似不相关回归的主要参数结果

劳动密集型行业方程估计的参数结果　R-sq: 0.9995					
系数	估计值	P>|z|	系数	估计值	P>|z|
a_0^{***}	−0.7055860	0.0000	a_K^{***}	0.8869827	0.0090
a_{0t}^{***}	0.0581583	0.0000	γ_{KK}^{**}	1.0446000	0.0350
a_M^{***}	2.0742360	0.0000	β_{KK}^{*}	−13.7076900	0.1050
γ_{MM}^{***}	−0.8965925	0.0000	a_{Kt}^{***}	−0.0634592	0.0010
a_{Mt}^{***}	−0.0568889	0.0000	γ_{KM}^{***}	−1.1478040	0.0000
非劳动密集型行业方程估计的参数结果　R-sq: 0.9942					
a_0^{***}	0.6555429	0.0010	a_K^{***}	−2.0037970	0.0000
a_{0t}^{*}	−.00265421	0.0660	γ_{KK}^{***}	1.1017040	0.0040
a_M	0.0660000	0.7620	β_{KK}^{***}	7.4744890	0.0040
γ_{MM}	0.3767432	0.3010	a_{Kt}^{***}	0.1115286	0.0000
a_{Mt}	−0.0024781	0.9070	γ_{KM}^{***}	1.0561530	0.0000

注：*** 表示在 1% 的显著性水平下显著，** 表示在 5% 的显著性水平下显著，* 表示在 10% 的显著性水平下显著。P 值代表拒绝变量原假设的概率。

　　下面介绍解释变量和控制变量的含义及其预期符号：（1）全要素生产率（tfp_{jt}）。采用 DEA 方法测算的各行业每年的 Malmquist 指数作为全要素生产率的代理变量。在实际的全要素生产率测度中，本文同时考虑了传统的 C-D 函数和超越对数函数测度中国制造业两位数行业的全要素生产率，但是回归系数皆不显著，故选择了 DEA-Malmquist 指数法作为代替，其具体算法和简介参考李春顶[①]，在此不予详说。根据新新贸易理论和中国制造业的"生产率悖论"，预期符号不确定。（2）行业上期的产能利用率及其二次项（Lcu_{jt} 与 Lcu_sq_{jt}）。依据中国制造业出口的二元定价机制：当行业产能利用率低于某一水平时，提高行业产能利用率有利于提高行业的出口强度；但当行业产能利用率高于该水平值时，依据本土市场和出口市场的二元定价和企业的利润最大化目标，企业会采取缩减出口以增加本土市场需求的策略来实现利润最大化，即产能利用率越高，出口强度越低，预期上期产能利用率的一次项符号为正，二次项符号为负。（3）国有产权因素（$gycq_{jt}$）。以国有企业的工业销售产值占对应行业销售总产值的比重来衡量国有产权对行业产能利用率的影响。国有产权，一方面意味着本土市场效应降低了出口强度，另一方面也可能利用要素扭曲的生产成本效应扩大出口强度，预期符号不确定。（4）金融因素（r_{jt}）。采用各行业的利息支出与负债合计的比值作为代理变量。行业利率越高，生产成本越高，越不利于出口，预期符号为负。（5）政府补贴（$zfbt_{jt}$）。采用各行业的补贴收入总额与工业销售总产值之比来衡量。依据施炳展等[②]对政府补贴与企业出口模式的研究，补贴提升了中国企业出口总量和数量，预期符号为正。（6）国内

---

① 李春顶. 中国制造业行业生产率的变动及影响因素：基于 DEA 技术的 1998—2007 年行业面板数据分析［J］. 数量经济技术经济研究，2009（12）：58-69.

② 施炳展，逯建，王有鑫. 补贴对中国企业出口模式的影响：数量还是价格？［J］. 经济学（季刊），2013，12（4）：1413-1442.

贸易成本（sch_t）。采用市场化进程来衡量国内市场分割导致的贸易成本，具体算法如下：以樊纲等《中国市场化进程指数报告》中的中国各省每年市场化进程总得分为基础，以各省每年制造业销售产值份额为权数，计算中国市场化进程指标。国内贸易成本越高，即市场化进程越慢，导致中国制造业出口倾向越大，预期符号为负。（7）研发产出因素（$yfcc_{jt}$）。采用行业的新产品产值占工业销售产值的比重衡量。新产品的产值越高，基于本土市场和出口市场的二元定价，企业倾向于缩减出口扩大内销，预期符号为负。（8）行业规模（$size_{jt}$）。采用各行业从业人员总数的对数来衡量，依据新贸易理论，行业规模越大越有利于出口，预期符号为正。（9）工资水平（w_{jt}）。采用历年各行业以 1998 年为基期的在岗职工人均薪酬衡量。考虑到中国的劳动力成本优势，工资越高可能越不利于出口，但同时工资越高也意味着人力资本越高，人力资本代表着生产率，依据新新贸易理论，生产率越高越利于出口，预期符号不确定。（10）资本密集度（mjd_{jt}）。采用行业的固定资产净值与职工人数之比的对数衡量。按照比较优势理论，发展资本密集型行业可能不符合中国传统的劳动力成本优势，但地方政府因偏爱资本密集型行业（利于短期内提高 GDP 增长，实现晋升激励）进行了各种产业政策优惠，可能扭曲了传统的比较优势，预期符号不确定。（11）行业集中度（hhi_{jt}）。采用企业工业销售产值产生的赫芬达尔指数衡量。中国制造业的特点是小企业多、大企业少，特别是加工贸易企业多，低行业集中度促进了行业出口，预期符号为负。（12）行业发展前景（$fzqj_{jt}$）。采用行业当期的营业利润率（营业利润与工业销售产值的比值）为代理变量。行业当期的营业利润率越高，依据本土市场和出口市场的二元定价，既有可能源于出口减少、内销增加，也有可能是闲置产能得以利用导致出口增加，预期符号不确定。（13）专业化分工（$zyhfg_{jt}$）。采用行业的中间投入合计与工业销售产值之比的对数衡量。行业的专业化分工水平越高，越有利于节约生产成本，产生出口的低成本效应，预期符号为正。
(14) 行业中的企业年龄因素（*age*）及其二次项（*age_sq*）。采用各行业
中所有企业的平均年龄衡量。考虑到企业成立后的学习效应和固化效
应，预期企业年龄的一次项为正，二次项为负。（15）纳入国有产权与
行业利率、政府补贴和市场化进程的交互项，预期符号不确定。（16）产
能利用率虚拟变量 *LcuD* 的构建方法如下：首先，将产能利用率变量 *Lcu*
按数值大小从低到高排序。以考察产能利用率为最低的 20% 的行业为
例，产能利用率虚拟变量 *LcuD* 对应于这些行业取值为 1，其余取值为
零，并设置为虚拟变量 *bot*20。同理，把产能利用率位于最低 20% 至
40% 之间的行业，构建产能利用率虚拟变量并设置为 *bot*2040，以此类
推。根据欧美等国家判断产能利用率是否过剩的经验，产能利用率的正
常值为 79%—83% 之间，超过 90% 则认为产能不足，低于 79% 则认为存
在产能过剩，设置以下 5 个门限值：20%、40%、60%、80%、90%，
由此构建了 *bot*20、*bot*2040、*bot*4060、*bot*6080、*bot*8090 和 *bot*90100 这 6
个虚拟变量。另外，方程中 γ_j、γ_t 分别表示与行业（两位数）、年份相
关的未观察因素，ε_{jt} 表示未被观察到的随机扰动项。

二、数据来源与处理方法

使用的数据来源于《中国工业企业数据库：1998—2015》，该数据
库基于国家统计局"规模以上工业统计报表"取得的资料整理而成。
数据库的统计对象为规模以上工业法人企业，包括全部国有和年主营业
务收入 500 万元及以上的非国有工业企业。但值得注意的是，该数据库
部分统计样本包含样本匹配错乱、指标异常及数值错漏等问题。根据已
有的数据处理经验，进行了如下的数据整理：首先，大致遵循布兰特等
（Brandt et al）和聂辉华等提供的思路进行企业和行业匹配并删除非制
造业数据，仅保留中国制造业的企业数据；然后，依据以下原则进行数

据筛选：（1）企业工业销售产值及出口交货值为负；（2）企业的各项投入为零或为负，包括职工人数、固定资产净值和中间投入合计；（3）剔除就业人数小于 8 人的企业，因为大多数异常值来自这些没有可靠会计系统的个体户；（4）把劳动待业保险费为空的数据设置为零；（5）删除烟草制造行业，理由如下：1. 烟草制造行业拥有政府经营特许权，存在严重的行政垄断；2. 韩国高等采取《中国工业经济统计年鉴》的两位数行业数据所测度的中国烟草制造业 1999—2008 年产能利用率：最低为 1999 年的 253.57%，最高为 2006 年的 371.99%，可能与现实不符。

经过以上数据整理，依据企业代码和年份，构建了一个以制造业企业为截面单元、时间跨度为 1998—2015 年的大规模非平衡微观面板数据集，每个观察值由反映企业基本情况、投入产出、资产负债、资本构成、收入费用以及利润分配等方面的 47 个变量构成。然后，再以两位数行业为标准进行汇总后获取产能利用率测度与出口强度实证所涉及的相关指标。

三、描述性统计

表 5.2 列出了主要变量的描述性统计特征。出口强度的均值为 0.231，标准差为 0.194，表明中国制造业不同行业的出口强度相差较大。然而，不同行业的全要素生产率却相差不大（均值为 1.004，标准差为 0.003），由此我们可以猜测：中国制造业行业的出口强度与全要素生产率之间的关联度不高。产能利用率的均值为 0.776，可能的原因是选取的中国工业企业大多是经济效益比较好的大企业，导致了测度的行业产能利用率总体上较高。产权性质最高为 0.683，最低仅为 0.002，标准差为 0.141，表明不同行业的产权性质相差较大。行业利率最大为 0.044，最小为 -0.008，表明不同的行业融资成本差异较大（行业利息

支出为负表示该行业拥有净利息收入）；政府补贴和新产品产值亦如此：政府补贴最大值为 0.013，最小值为 0.001，标准差为 0.007；新产品产值最大为 0.408，最小为 0，均值为 0.079 而标准差为 0.080。行业规模最大值为 3.024，最小值为 2.755，标准差为 0.406，表明中国制造业两位数行业的规模相差不大。尽管中国制造业各行业的全要素生产率和规模相差不大，但不同行业的工资水平却相差较大，最高的为 3.273 而最低的仅有 0.902，表明中国制造业行业之间存在较大的收入不平等。资本密集度最高为 5.954，最低为 2.05，表明中国制造业行业之间资本密集度差异较大。行业集中度均值仅为 0.005，且最低的行业几乎接近于零，表明中国制造业企业小而散。不同行业中的企业年龄相差也较大，最高为 23.830，最低为 5.398。

表 5.2　主要变量的描述性统计特征

变量	变量名称	mean	sd	max	min
出口强度	ck	0.231	0.194	0.799	0.020
全要素生产率	tfp	1.004	0.003	1.018	0.986
产能利用率	Lcu	0.776	0.420	2.204	-0.218
产权性质	gycq	0.163	0.141	0.683	0.002
行业利率	r	0.022	0.007	0.044	-0.008
政府补贴	zfbt	0.003	0.002	0.013	0.001
市场化进程	sch	7.067	1.504	9.310	4.937
新产品产值	yfcc	0.079	0.080	0.408	0.000
行业规模	size	5.621	0.406	6.847	4.868
行业工资水平	w	1.513	0.498	3.273	0.902
资本密集度	mjd	4.312	0.643	5.954	2.905
行业集中度	hhi	0.005	0.006	0.036	0.000
行业发展前景	fzqj	0.042	0.024	0.109	-0.013

续表

变量	变量名称	mean	sd	max	min
专业化分工	zyhfg	-0.303	0.086	-0.150	-0.535
行业年龄因素	age	11.496	3.599	23.830	5.398

表5.3列出了主要变量之间的 Pearson 相关系数矩阵。ck 与 tfp 的相关系数为-0.121，在10%的水平上显著，这意味着全要素生产率越高的行业，出口强度可能越低。Lcu 与 ck 的相关系数为0.143，在5%的水平上显著，但与 tfp 之间的相关系数不显著，表明产能利用率确实影响了行业出口，且与全要素生产率之间并不存在一致性。gycq 与 ck 的相关系数在1%的水平上显著为-0.598，与 r、zfbt、mjd、hhi、zyhfg、age 在1%的显著性水平上显著正相关，与 sch、w、fzqj 在1%的显著性水平上显著负相关，表明产权性质与行业其他指标之间高度相关，初步表明了国有企业更可能立足于国内市场。r 和 zfbt 与 ck 的相关系数在1%的显著性水平上为-0.469和-0.434，表明低利率有利于行业出口，而政府补贴则导致出口减少，其可能解释如下：1. 政府补贴大量流入了国有企业，而国有企业立足于国内市场；2. 本土市场价格高于出口市场价格，政府补贴导致企业在本土市场产生生产成本效应，通过缩减出口增加内销来实现利润最大化。sch 与 ck 的相关系数仅在10%的显著性水平上为0.103，这意味着国内贸易成本可能并不是出口的重要原因。新产品产值则与出口强度之间的相关度低。针对以上的初步判断需谨慎看待，因为两两相关系数的检验并没有控制其他可能的影响因素，后文将进行更加严格的检验。

表 5.3　Pearson 相关系数矩阵

	ck	tfp	Lcu	gycq	r	zfbt	sch
tfp	-0.121*						
Lcu	0.143**	-0.03					
gycq	-0.598***	0.124*	-0.027				
r	-0.469***	0.188***	-0.127**	0.480***			
zfbt	-0.434***	0.003	-0.198***	0.271***	0.210***		
sch	0.103*	-0.005	0.268***	-0.504***	-0.517***	-0.066	
yfcc	0.022	-0.023	-0.062	0.068	-0.249***	0.001	0.215***
size	0.033	-0.104	0.103	0.003	-0.173***	0.069	0.856***
w	-0.051	0.042	0.150**	-0.313***	-0.353***	-0.01	0.169***
mjd	-0.731***	0.134**	-0.115*	0.490***	0.243***	0.231***	-0.155**
hhi	-0.235***	0.224***	-0.016	0.490***	0.202***	-0.015	0.683***
fzqj	0.001	0.02	0.169***	-0.399***	-0.495***	-0.192***	-0.893***
zyhfg	-0.071	0.045	-0.275***	0.464***	0.501***	0.071	
age	-0.382***	-0.129**	-0.167***	0.502***	0.241***	0.240***	-0.594***

	yfcc	size	w	mjd	hhi	fzqj	zyhfg
size	0.292***						

续表

	ck	tfp	Lcu	gycq	r	zfbt	sch
w	0.207***	0.281***					
mjd	0.101*	-0.127**	0.289***				
hhi	0.094	-0.382***	-0.122**	0.567***			
fzqj	0.172***	0.071	0.676***	0.107*	-0.274***		
zyhfg	-0.062	-0.194***	-0.803***	-0.051	0.280***	-0.830***	
age	0.155**	-0.01	-0.423***	-0.029	-0.059	-0.219***	0.364***

注：*** 表示在 1% 的显著性水平下显著，** 表示在 5% 的显著性水平下显著，* 表示在 10% 的显著性水平下显著。

第三节　计量结果与分析

一、线性回归结果

对于中国制造业两位数行业的面板数据，到底是使用固定效应模型还是随机效应模型，笔者进行了 Hausman 检验，结果显示 F 统计量为66.77，概率值为 0.0000，表明应该使用固定效应模型。首先对基准模型（5.10）按是否考虑产能利用率因素分别回归，结果为表5.4-A 第1列和第2列。从表5.4-A 第1列和第2列可以看出：（1）考虑了产能利用率因素之后，全要素生产率的系数由 1.6530 变为 1.7557，显著性水平由5%变为1%，且在原有满足显著性水平的变量不变的情况下行业年龄因素的一次项和二次项变得显著，表明产能利用率确实对行业出口强度产生了影响。（2）产能利用率一次项显著为正，二次项显著为负，表明产能利用率最低和最高的行业出口强度低，而产能利用率适中的行业出口强度高。（3）国有产权显著为负，进一步肯定了国有企业立足于国内市场的判断；行业利率显著为负，表明行业的利率越低，出口强度越大，而其与国有产权的交互项显著为正，表明提高国有企业的利率能促进行业出口；政府补贴与国有产权的交互项显著为负，表明对国有企业进行补贴降低了行业出口；市场化进程及其交互项对行业出口强度的影响则皆不显著。（4）其余满足显著性的控制变量基本符合预期：1. 行业规模越大，出口强度越大，表明中国制造业行业符合新贸易理论的规模经济效应。2. 专业化分工指标显著为正，表明加强行业的专业化分工，提高了行业的出口强度。3. 行业中企业的年龄因素一次性显著为正，二次项显著为负，表明企业确实随年龄增长存在学习效应和固化效应。

按照产能利用率的门限虚拟变量由低到高，依次以扩展模型（5.11）进行回归，回归结果如表5.4-A第3列到第8列。相关系数及其经济含义如下：（1）关于虚拟变量 $bot20$（即产能利用率最低的20%的行业，以下依此对应）的回归结果，政府补贴、市场化进程和新产品产值与虚拟变量 $bot20$ 的交互项显著，表明对产能利用率为最低的20%的行业，缩减政府补贴、加快市场化进程、减少新产品产值有利于增加出口强度。（2）关于虚拟变量 $bot2040$、$bot8090$ 和 $bot90100$ 的回归结果表明，产能利用率的虚拟变量与要素扭曲和新产品产值的交互项皆不显著。（3）关于虚拟变量 $bot4060$ 的回归结果表明，行业利率与虚拟变量 $bot4060$ 的交互项显著为正，表明提高该产能利用率区间的行业利率，反而会促进出口。（4）关于虚拟变量 $bot6080$ 的回归结果表明，行业利率和政府补贴与虚拟变量 $bot6080$ 的交互项显著，表明对该产能利用率区间的行业降低利率、增加补贴提高了行业出口。

然而，以上回归中存在以下内生性问题：（1）新贸易理论认为规模经济有利于出口，但对发展中国家来说，更可能是出口需求导致了行业规模扩大。同理，市场化进程越慢表示国内贸易成本越高，导致了行业出口强度的上升；但更有可能的情况是，因为出口需求能够化解过剩产能，弱化了降低国内贸易成本的动力，导致了区域市场之间融合较低。（2）政府补贴会带来生产成本效应，导致出口强度上升；同时，也有可能是因为行业出口强度高，导致政府对该行业进行了补贴。（3）新产品产值依据新新贸易理论代表着先进生产率，对行业出口有影响；另外行业出口也会通过"自选择效应"和"出口中学效应"导致新产品产值上升。（4）剔除全要素生产率和行业利率为内生变量的理由如下：1. 行业的全要素生产率一般被认为是外生的，与出口强度之间的正向关联度低。2. 鉴于出口强度与生产率之间的正向关联度低，在市场授信机制下银行并没有理由给予这些行业以利率优惠；另外银行信贷大多流入国有企业，而国有企业立足于本土市场。因此，为了体现经济规模、政府补贴、市场化进程与新产品产值的内生性问题，采用其滞后一期的变量作为代理变量进行回归，回归结果如表5.4-B。与表5.4-A相比，表5.4-B主要变化如下：（1）tfp的回归系数虽然皆为正，但多数在10%的显著性水平下不再显著。（2）yfcc的回归系数大多变得显著为负，表明上期的新产品产值降低了当期的出口强度。（3）产能利用率虚拟变量与要素扭曲之间的交互项的显著性发生了以下变化：1. 虚拟变量 bot4060 与市场化进程的交互项变得在10%的显著性水平上显著为负；2. 虚拟变量 bot6080 与政府补贴的交互项变得不再显著；3. 虚拟变量 bot90100 与市场化进程的交互项变得显著为负。而表5.4-A和表5.4-B中第2列的回归结果没有发生本质变化（仅新产品产值变得显著为负），致使我们有理由猜测是人为设定产能利用率虚拟变量导致了回归结果的差异，为此有必要进一步进行面板门限回归，以确定结论的稳健性。

表 5.4-A 不考虑内生性问题的回归结果

	(1) tfp	(2) Lcu	(3) bot20	(4) bot2040	(5) bot4060	(6) bot6080	(7) bot8090	(8) bot90100
tfp	1.6530**	1.7557***	1.7882***	1.6220**	1.6488**	1.6752**	1.5711**	1.5754**
	(0.017)	(0.008)	(0.004)	(0.016)	(0.013)	(0.011)	(0.018)	(0.017)
Lcu		0.0881***	0.0794***	0.0884***	0.0919***	0.0838***	0.0821***	0.0746***
		(0.000)	(0.001)	(0.000)	(0.000)	(0.000)	(0.000)	(0.000)
Lcu_sq		-0.0477***	-0.0421***	-0.0470***	-0.0501***	-0.0465***	-0.0451***	-0.0379***
		(0.000)	(0.000)	(0.000)	(0.000)	(0.000)	(0.000)	(0.001)
gycq	-0.4547*	-0.3912*	-0.3733*	-0.4136*	-0.4047*	-0.5747**	-0.4180*	-0.4203*
	(0.057)	(0.082)	(0.074)	(0.068)	(0.072)	(0.012)	(0.067)	(0.060)
r	-3.6766***	-3.0834***	-1.9456**	-3.0325***	-3.9366***	-2.9139***	-3.1922***	-2.8565***
	(0.000)	(0.002)	(0.042)	(0.002)	(0.000)	(0.003)	(0.002)	(0.004)
zfbt	5.5817	4.7871	6.7345**	5.8983	5.8624	4.8676	4.7477	4.1521
	(0.133)	(0.174)	(0.042)	(0.109)	(0.134)	(0.158)	(0.180)	(0.237)
sch	0.0093	0.0078	-0.0005	0.0073	0.0084	0.0088	0.0069	0.0062
	(0.458)	(0.510)	(0.962)	(0.547)	(0.481)	(0.453)	(0.564)	(0.599)
yfcc	-0.0478	-0.0836	0.0757	-0.0821	-0.0870	-0.0784	-0.0987	-0.0861
	(0.458)	(0.172)	(0.237)	(0.185)	(0.158)	(0.189)	(0.110)	(0.214)

续表

	(1) tfp	(2) Lcu	(3) bot20	(4) bot2040	(5) bot4060	(6) bot6080	(7) bot8090	(8) bot90100
size	0.2228***	0.2229***	0.2079***	0.2212***	0.2166***	0.2318***	0.2146***	0.2262***
	(0.000)	(0.000)	(0.000)	(0.000)	(0.000)	(0.000)	(0.000)	(0.000)
w	0.0040	-0.0045	-0.0094	-0.0030	-0.0054	-0.0045	-0.0039	-0.0052
	(0.761)	(0.716)	(0.414)	(0.810)	(0.663)	(0.712)	(0.758)	(0.671)
mjd	0.0428	0.0450	0.0699**	0.0406	0.0471	0.0497	0.0457	0.0384
	(0.189)	(0.153)	(0.020)	(0.204)	(0.141)	(0.107)	(0.154)	(0.223)
hhi	-1.3757	-1.7910	-2.1199	-2.3627	-1.7322	-2.1552	-1.6646	-1.8389
	(0.347)	(0.195)	(0.102)	(0.105)	(0.214)	(0.115)	(0.230)	(0.182)
fzqj	-0.1992	-0.1637	-0.3107	-0.1539	-0.1384	-0.1200	-0.1614	-0.1824
	(0.537)	(0.595)	(0.277)	(0.620)	(0.659)	(0.689)	(0.600)	(0.552)
zyhfg	0.7433***	0.5907***	0.3342*	0.5915***	0.5748***	0.6563***	0.5622***	0.5244***
	(0.000)	(0.003)	(0.081)	(0.003)	(0.004)	(0.001)	(0.005)	(0.009)
age	0.0060	0.0163**	0.0128*	0.0162**	0.0168**	0.0147**	0.0155**	0.0165**
	(0.414)	(0.026)	(0.062)	(0.028)	(0.023)	(0.041)	(0.035)	(0.023)
age_sq	-0.0003	-0.0006***	-0.0004**	-0.0006***	-0.0006***	-0.0005**	-0.0005***	-0.0006***
	(0.132)	(0.005)	(0.035)	(0.006)	(0.006)	(0.015)	(0.008)	(0.005)

续表

	（1）tfp	（2）Lcu	（3）bot20	（4）bot2040	（5）bot4060	（6）bot6080	（7）bot8090	（8）bot90100
c. gycq#c. r	12.6157***	9.0876**	8.5660**	9.6070**	9.7395**	13.9076***	9.9330**	9.6562**
	(0.005)	(0.033)	(0.034)	(0.026)	(0.023)	(0.002)	(0.022)	(0.023)
c. gycq#c. zfbt	-29.2571**	-25.4247*	-21.7637*	-28.8854**	-25.5479*	-36.3697***	-24.1853*	-23.6897*
	(0.035)	(0.052)	(0.072)	(0.033)	(0.054)	(0.006)	(0.065)	(0.068)
c. gycq#c. sch	-0.0072	-0.0041	-0.0008	-0.0024	-0.0045	0.0127	-0.0039	-0.0033
	(0.765)	(0.857)	(0.970)	(0.919)	(0.843)	(0.582)	(0.867)	(0.883)
LcuD #c. r			0.4757	0.9529	1.0446*	-2.0680***	0.7772	-0.4691
			(0.513)	(0.234)	(0.098)	(0.003)	(0.525)	(0.727)
LcuD #c. zfbt			-7.7195***	1.4474	-1.4501	10.6692***	-10.1857	16.0646
			(0.008)	(0.599)	(0.556)	(0.002)	(0.227)	(0.100)
LcuD #c. sch			0.0057**	-0.0037	-0.0028	0.0008	0.0013	-0.0050
			(0.010)	(0.141)	(0.167)	(0.651)	(0.601)	(0.113)
LcuD #c. yfcc			-0.3533***	0.0978	-0.0482	0.0623	0.0924	0.0618
			(0.000)	(0.294)	(0.687)	(0.315)	(0.273)	(0.442)
r2	0.6494	0.6922	0.7466	0.6967	0.7002	0.7157	0.6992	0.7048
F	14.8209	16.4345	18.2707	14.2419	14.4827	15.6042	14.4086	14.8035
p	0.0000	0.0000	0.0000	0.0000	0.0000	0.0000	0.0000	0.0000

表 5.4-B　考虑内生性问题的回归结果

	(1) tfp	(2) Lcu	(3) bot20	(4) bot2040	(5) bot4060	(6) bot6080	(7) bot8090	(8) bot90100
tfp	1.2251* (0.091)	1.1909* (0.086)	1.0864* (0.096)	1.1547 (0.106)	1.0816 (0.120)	1.1385 (0.107)	1.0497 (0.135)	0.8256 (0.235)
Lcu		0.0725*** (0.001)	0.0605** (0.016)	0.0736*** (0.001)	0.0769*** (0.000)	0.0701*** (0.002)	0.0626*** (0.005)	0.0559** (0.014)
Lcu_sq		-0.0444*** (0.000)	-0.0394*** (0.001)	-0.0443*** (0.000)	-0.0474*** (0.000)	-0.0433*** (0.000)	-0.0403*** (0.000)	-0.0325** (0.010)
gycq	-0.6403*** (0.003)	-0.5497*** (0.008)	-0.5428*** (0.006)	-0.5434** (0.010)	-0.5466*** (0.009)	-0.5850*** (0.006)	-0.5727*** (0.007)	-0.5920*** (0.004)
r	-4.6989*** (0.000)	-4.2091*** (0.000)	-3.1412*** (0.002)	-4.2070*** (0.000)	-5.2045*** (0.000)	-4.2364*** (0.000)	-4.2384*** (0.000)	-3.8543*** (0.000)
Lzfbt	3.4245 (0.339)	2.5879 (0.449)	4.2111 (0.192)	2.4866 (0.488)	4.1463 (0.278)	2.6629 (0.434)	2.4175 (0.483)	2.3388 (0.490)
Lsch	0.0309** (0.038)	0.0310** (0.030)	0.0187 (0.181)	0.0321** (0.028)	0.0306** (0.032)	0.0316** (0.027)	0.0296** (0.041)	0.0270* (0.057)
Lyfcc	-0.1765** (0.012)	-0.1396** (0.040)	0.0228 (0.745)	-0.1398** (0.043)	-0.1327* (0.051)	-0.1321* (0.059)	-0.1610** (0.021)	-0.1680** (0.026)

续表

	(1) tfp	(2) Lcu	(3) bot20	(4) bot2040	(5) bot4060	(6) bot6080	(7) bot8090	(8) bot90100
Lsize	0.1518***	0.1594***	0.1524***	0.1566***	0.1538***	0.1552***	0.1559***	0.1651***
	(0.000)	(0.000)	(0.000)	(0.000)	(0.000)	(0.000)	(0.000)	(0.000)
w	0.0091	0.0022	-0.0053	0.0024	0.0010	0.0028	0.0012	0.0021
	(0.509)	(0.871)	(0.674)	(0.860)	(0.942)	(0.834)	(0.927)	(0.876)
mjd	-0.0091	-0.0111	0.0133	-0.0098	-0.0076	-0.0082	-0.0152	-0.0173
	(0.784)	(0.729)	(0.665)	(0.764)	(0.816)	(0.798)	(0.647)	(0.588)
hhi	0.1060	-0.3655	-0.9795	-0.4715	-0.3013	-0.5370	-0.2773	-0.4464
	(0.945)	(0.805)	(0.490)	(0.762)	(0.840)	(0.720)	(0.853)	(0.760)
fzqj	-0.1443	-0.0526	-0.1742	-0.0421	-0.0557	-0.0124	-0.0429	-0.1358
	(0.670)	(0.873)	(0.574)	(0.900)	(0.867)	(0.970)	(0.897)	(0.677)
zyhfg	0.9006***	0.7953***	0.5063**	0.8121***	0.7581***	0.8083***	0.7591***	0.6820***
	(0.000)	(0.000)	(0.014)	(0.000)	(0.000)	(0.000)	(0.000)	(0.001)
age	-0.0052	0.0043	0.0011	0.0047	0.0049	0.0041	0.0037	0.0049
	(0.508)	(0.576)	(0.879)	(0.551)	(0.530)	(0.599)	(0.635)	(0.524)
age_sq	0.0000	-0.0002	-0.0001	-0.0002	-0.0002	-0.0002	-0.0002	-0.0002
	(0.846)	(0.352)	(0.799)	(0.338)	(0.362)	(0.440)	(0.398)	(0.315)

续表

	(1) tfp	(2) Lcu	(3) bot20	(4) bot2040	(5) bot4060	(6) bot6080	(7) bot8090	(8) bot90100
c. gycq#c. r	18.0617***	14.8986***	15.0459***	14.9695***	15.3421***	16.9896***	15.1321***	15.4247***
	(0.000)	(0.000)	(0.000)	(0.000)	(0.000)	(0.000)	(0.000)	(0.000)
c. gycq#c. Lzfbt	−24.3621*	−21.9739*	−19.2094	−21.1810	−23.0799*	−27.5397**	−20.7390	−21.4601*
	(0.070)	(0.086)	(0.114)	(0.111)	(0.076)	(0.037)	(0.106)	(0.091)
c. gycq#c. Lsch	0.0118	0.0120	0.0136	0.0094	0.0088	0.0131	0.0146	0.0156
	(0.642)	(0.620)	(0.550)	(0.709)	(0.717)	(0.590)	(0.554)	(0.515)
LcuD#c. r			0.1484	0.0590	1.1337*	−1.4918**	−0.7149	0.1672
			(0.852)	(0.946)	(0.096)	(0.049)	(0.551)	(0.915)
LcuD #c. Lzfbt			−5.1060*	2.0465	−1.1053	5.2038	1.2950	13.4255
			(0.094)	(0.513)	(0.661)	(0.128)	(0.852)	(0.234)
LcuD #c. Lsch			0.0064**	−0.0007	−0.0043*	0.0017	0.0027	−0.0076**
			(0.019)	(0.823)	(0.062)	(0.398)	(0.325)	(0.022)
LcuD #c. Lyfcc			−0.3808***	−0.0074	0.0213	0.0783	0.0324	0.1195
			(0.000)	(0.938)	(0.876)	(0.274)	(0.720)	(0.212)
r2	0.6122	0.6518	0.7032	0.6529	0.6631	0.6624	0.6587	0.6703
F	12.6282	13.6769	14.6861	11.6625	12.2007	12.1638	11.9659	12.6076

续表

	（1） tfp	（2） Lcu	（3） bot20	（4） bot2040	（5） bot4060	（6） bot6080	（7） bot8090	（8） bot90100
p	0. 0000	0. 0000	0. 0000	0. 0000	0. 0000	0. 0000	0. 0000	0. 0000

注: p-values in parentheses , $^{*}\,p < 0.10$, $^{**}\,p < 0.05$, $^{***}\,p < 0.01$。

中国制造业产能过剩研究（1998—2015）　>>>

二、面板门限回归

我们采用由汉森①（Hansen）提出的内生门限回归（threshold regression，TR）方法来判断随着产能利用率的不同，要素扭曲和新产品产值与行业出口强度之间的联系是否存在机制转换。鉴于已有较多的中文文献对面板门限回归做了大量介绍，在此不予说明（需详细了解，请参考邵军等②与张庆昌等③）。

（一）资本折旧率

产能利用率的测度可能因为资本折旧率的设定而存在测度误差。资本租赁价格 P_{kt} 计算公式为：

$$P_{kt} = （1+r_t）q_t/q_{t-1}+（\delta-1）$$

δ 表示给定中国 1998-2015 年间折旧率不变的条件下，不同企业和不同年份的共同折旧率。借鉴余淼杰与聂辉华和贾瑞雪的做法，资本折旧率 δ 被默认设定为 15%。但是不同的资本折旧率通过影响资本租赁价格 P_{kt} 而影响产能产出的测度，进而产生产能利用率的测度误差。依照余淼杰与聂辉华和贾瑞雪，将 15% 的资本折旧率作为默认值，但使用 10% 和 5% 作为不同折旧率来进行稳健性检验。折旧率下降，产能产出上升，产能利用率整体下移。考虑资本折旧率为 15%、10% 和 5% 的情况下测度的产能利用率与行业出口强度之间的关系。

（二）门限效应检验

进行门限效应检验之前，需要确定门限的个数，结果如表 5.5。表 5.5

---

①　HANSEN B E. Sample Splitting and Threshold Estimation [J]. *Econometrica*，2000，68（3）：575-603.
②　邵军，徐康宁. 制度质量、外资进入与增长效应：一个跨国的经验研究 [J]. 世界经济，2008（7）：3-14.
③　张庆昌，李平. 生产率与创新工资门槛假说：基于中国经验数据分析 [J]. 数量经济技术经济研究，2011，28（11）：3-21.

表明，在15%、10%和5%的资本折旧率下，产能利用率与出口强度之间皆存在单门限效应。表5.5中"/"之后的数据为使用内生变量的滞后一期作为代理变量的门限效应检验结果。

表5.5 内生门限值估计及其F值和概念

折旧率为15%					
	原假设	备择假设	门限值	F检验	概率
单门限	无门限	单门限	0.4213/0.3666	41.0405/44.1683	0.0000/0.0000
双门限	单门限	双门限	0.4213/0.3666、1.4507/1.4507	25.4154/29.5846	0.0000/0.0000
折旧率为10%					
	原假设	备择假设	门限值	F检验	概率
单门限	无门限	单门限	1.1121	48.2086/60.7613	0.0000/0.0000
双门限	单门限	双门限	0.7912/0.7318、1.1121/1.1121	21.2319/28.6278	0.0010/0.0000
折旧率为5%					
	原假设	备择假设	门限值	F检验	概率
单门限	无门限	单门限	1.2521/1.2521	49.7505/61.8357	0.0000/0.0000
双门限	单门限	双门限	0.8904/0.8673、1.2652/1.2521	20.8291/32.1394	0.0010/0.0000

从表5.6的面板门限回归结果可以看出：（1）在考虑了产能利用率的测度误差和门限效应之后，全要素生产率的回归系数虽然始终为正，但不再显著，表明行业的生产率对出口的影响不明显；（2）在考虑了产能利用率的测度误差和变量内生性之后，产能利用率的一次项变得不显著，而二次项显著为负，由此可以肯定的是高产能利用率的行业反而出口强度低，原因在于出口产品价格低于国内价格，导致高产能利用率的行业缩减出口以增加内销来实现利润最大化，即高产能利用率行

业主要立足于本土市场。（3）国有产权始终显著为负，表明国有企业主要是立足于国内市场；（4）国有产权，与行业利率的交互项始终显著为正，与政府补贴的交互项始终显著为负，表明提高国有企业的利率水平和降低国有企业的政府补贴有利于促进行业出口；（5）行业利率对行业出口的影响始终显著为负，虽然在不同的产能利用率门限值下其具体回归系数不同；（6）伴随资本折旧率下降，行业产能利用率下移，政府补贴对行业出口的促进作用越发明显，表明产能利用率越低，政府补贴促进出口的政策越有效；（7）与朱希伟等[1]和徐蕾等[2]的结论相似，加快国内区域市场之间的融合会降低行业的出口强度，表明国内贸易成本确实导致了行业出口强度的上升；（8）新产品产值在产能利用率高、低的行业有着截然不同的效应：新产品产值增加高产能利用率行业的出口强度，却减少低产能利用率行业的出口强度。

---

[1]　朱希伟，金祥荣，罗德明. 国内市场分割与中国的出口贸易扩张 [J]. 经济研究，2005，40（12）：68-76.

[2]　徐蕾，尹翔硕. 贸易成本视角的中国出口企业"生产率悖论"解释 [J]. 国际商务（对外经济贸易大学学报），2012（3）：13-26.

表 5.6 基于不同折旧率的门限效应检验

	折旧率为 15%		折旧率为 10%		折旧率为 5%	
	(1) $Lcu \leq 0.4213$	(2) $Lcu > 0.4213$	(3) $Lcu \leq 1.1121$	(4) $Lcu > 1.1121$	(5) $Lcu \leq 1.2521$	(6) $Lcu > 1.2521$
tfp	1.2175**	1.2175**	0.4553	0.4553	0.5248	0.5248
	(0.0349)	(0.0349)	(0.4098)	(0.4098)	(0.3443)	(0.3443)
Lcu	0.0983***	0.0983***	0.0402**	0.0402**	0.0404**	0.0404**
	(0.0000)	(0.0000)	(0.0145)	(0.0145)	(0.0117)	(0.0117)
Lcu_sq	-0.0498***	-0.0498***	-0.0409***	-0.0409***	-0.0339***	-0.0339***
	(0.0000)	(0.0000)	(0.0000)	(0.0000)	(0.0000)	(0.0000)
gycq	-0.5139***	-0.5139***	-0.5734**	-0.5734**	-0.5617***	-0.5617***
	(0.0020)	(0.0020)	(0.0015)	(0.0015)	(0.0020)	(0.0020)
size	0.1548***	0.1548***	0.1539***	0.1539***	0.1526***	0.1526***
	(0.0000)	(0.0000)	(0.0000)	(0.0000)	(0.0000)	(0.0000)
w	-0.0126	-0.0126	-0.0068	-0.0068	-0.0040	-0.0040
	(0.1617)	(0.1617)	(0.3657)	(0.3657)	(0.5997)	(0.5997)
mjd	0.0084	0.0084	-0.0216	-0.0216	-0.0173	-0.0173
	(0.7538)	(0.7538)	(0.3815)	(0.3815)	(0.4771)	(0.4771)

续表

	折旧率为15%		折旧率为10%		折旧率为5%	
	(1) Lcu≤0.4213	(2) Lcu>0.4213	(3) Lcu≤1.1121	(4) Lcu>1.1121	(5) Lcu≤1.2521	(6) Lcu>1.2521
hhi	-0.1397	-0.1397	0.3648	0.3648	0.3987	0.3987
	(0.9029)	(0.9029)	(0.7345)	(0.7345)	(0.7104)	(0.7104)
fzqj	-0.6513***	-0.6513***	-0.4519*	-0.4519*	-0.4401	-0.4401
	(0.0080)	(0.0080)	(0.0659)	(0.0659)	(0.0708)	(0.0708)
zyhfg	-0.1271	-0.1271	-0.0532	-0.0532	-0.0167	-0.0167
	(0.3104)	(0.3104)	(0.6704)	(0.6704)	(0.8922)	(0.8922)
age	0.0119*	0.0119*	0.0055	0.0055	0.0052	0.0052
	(0.0826)	(0.0826)	(0.3914)	(0.3914)	(0.4178)	(0.4178)
age_sq	-0.0003*	-0.0003*	-0.0002	-0.0002	-0.0002	-0.0002
	(0.0852)	(0.0852)	(0.2638)	(0.2638)	(0.2690)	(0.2690)
c. gycq#c. r	6.9817*	6.9817*	9.7635***	9.7635***	9.7171***	9.7171***
	(0.0602)	(0.0602)	(0.0054)	(0.0054)	(0.0054)	(0.0054)
c. gycq#c. zfbt	-23.2108**	-23.2108**	-19.0393*	-19.0393*	-20.2848*	-20.2848*
	(0.0186)	(0.0186)	(0.0766)	(0.0766)	(0.0643)	(0.0643)

续表

	折旧率为15%		折旧率为10%		折旧率为5%	
	(1) Lcu≤0.4213	(2) Lcu>0.4213	(3) Lcu≤1.1121	(4) Lcu>1.1121	(5) Lcu≤1.2521	(6) Lcu>1.2521
c. gycq#c. sch	0.0246	0.0246	0.0298	0.0298	0.0273	0.0273
	(0.1503)	(0.1503)	(0.1179)	(0.1179)	(0.1551)	(0.1551)
r	-2.3943	-2.2979*	-3.2208**	-5.2075***	-3.1989**	-5.5745**
	(0.1065)	(0.0841)	(0.0191)	(0.0016)	(0.0169)	(0.0005)
zfbt	2.3219	6.2758**	2.6724	6.4943	3.3130	5.2521
	(0.5122)	(0.0138)	(0.3139)	(0.1036)	(0.2171)	(0.1983)
sch	-0.0079	-0.0151	-0.0129*	-0.0084	-0.0130*	-0.0070
	(0.3448)	(0.1040)	(0.0952)	(0.3033)	(0.0884)	(0.3863)
yfcc	-0.3378***	0.0640	-0.0412	0.3022**	-0.0527	0.2656**
	(0.0000)	(0.2248)	(0.5094)	(0.0249)	(0.4101)	(0.0368)

	折旧率为15%		折旧率为10%		折旧率为5%	
	(1) Lcu≤0.3666	(2) Lcu>0.3666	(3) Lcu≤1.1121	(4) Lcu>1.1121	(5) Lcu≤1.2521	(6) Lcu>1.2521
tfp	0.7727	0.7727	0.5722	0.5722	0.6004	0.6004
	(0.2466)	(0.2466)	(0.3494)	(0.3494)	(0.3305)	(0.3305)

续表

	折旧率为15%		折旧率为10%		折旧率为5%	
	(1) Lcu≤0.3666	(2) Lcu>0.3666	(3) Lcu≤1.1121	(4) Lcu>1.1121	(5) Lcu≤1.2521	(6) Lcu>1.2521
Lcu	0.0608***	0.0608***	0.0146	0.0146	0.0166	0.0166
	(0.0053)	(0.0053)	(0.3423)	(0.3423)	(0.2722)	(0.2722)
Lcu_sq	-0.0370***	-0.0370***	-0.0338***	-0.0338***	-0.0292***	-0.0292***
	(0.0001)	(0.0001)	(0.0000)	(0.0000)	(0.0000)	(0.0000)
gycq	-0.4510***	-0.4510***	-0.4167**	-0.4167**	-0.4182***	-0.4182***
	(0.0000)	(0.0000)	(0.0001)	(0.0001)	(0.0001)	(0.0001)
c. gycq#c. r	12.4537***	12.4537***	14.0265***	14.0265***	14.1601***	14.1601***
	(0.0004)	(0.0004)	(0.0001)	(0.0001)	(0.0001)	(0.0001)
c. gycq#c. Lzfbt	-23.9041***	-23.9041***	-24.4375***	-24.4375***	-25.0019***	-25.0019***
	(0.0046)	(0.0046)	(0.0034)	(0.0034)	(0.0031)	(0.0031)
c. gycq#c. Lsch	0.0018	0.0018	-0.0131	-0.0131	-0.0131	-0.0131
	(0.8613)	(0.8613)	(0.2194)	(0.2194)	(0.2163)	(0.2163)
r	-4.3700***	-3.0351**	-4.2299***	-6.6207***	-4.2692***	-6.9030***
	(0.0016)	(0.0333)	(0.0022)	(0.0000)	(0.0016)	(0.0000)

续表

| | 折旧率为 15% | | 折旧率为 10% | | 折旧率为 5% | |
	(1) Lcu≤0.3666	(2) Lcu>0.3666	(3) Lcu≤1.1121	(4) Lcu>1.1121	(5) Lcu≤1.2521	(6) Lcu>1.2521
Lzfbt	5.0705	5.5563**	3.7461*	6.7244***	3.9744*	6.3087**
	(0.1483)	(0.0110)	(0.0779)	(0.0090)	(0.0620)	(0.0153)
Lsch	-0.0067	-0.0175***	-0.0155***	-0.0081	-0.0154***	-0.0070
	(0.3100)	(0.0070)	(0.0083)	(0.2442)	(0.0096)	(0.3190)
Lyfcc	-0.4024***	0.0941**	-0.0795*	0.2670***	-0.0644	0.2723***
	(0.0000)	(0.0476)	(0.0907)	(0.0033)	(0.1642)	(0.0017)

注：p-values in parentheses，$^*\ p < 0.10$，$^{**}\ p < 0.05$，$^{***}\ p < 0.01$。

第四节　小结

本章主要是利用《中国工业企业数据库》（1998-2015 年）的微观企业汇总数据，系统考察了产能利用率及其与要素扭曲的交互项对中国制造业两位数行业的出口强度的影响。主要研究结论如下：（1）全要素生产率的回归系数虽然始终为正，但多数不满足显著性要求，表明生产率对行业出口强度的影响不明显。（2）高产能利用率的行业，随产能利用率的进一步提高，出口强度反而下降。（3）调整行业的产权性质和利率、增加行业的政府补贴，提升了行业的出口强度。（4）政府补贴对高产能利用率行业的出口影响更明显，而新产品产值则减少低产能利用率行业的出口，增加高产能利用率行业的出口。（5）提高国有企业的利率水平和降低国有企业的政府补贴有利于促进行业出口。（6）行业规模对行业出口强度的影响始终显著为正，表明中国制造业行业的贸易模式主要符合新贸易理论的规模经济效应。

在当前外部进口需求萎缩的贸易保护主义背景下，本章的主要政策含义如下：（1）降低本土市场和出口市场的价格差，以鼓励高生产率和高产能利用率的企业加大出口或者走出国门开拓国际市场；（2）针对各大银行的高额利润，鼓励发展民营银行促进银行竞争以拓展企业信贷资金来源，鼓励对企业贷款实施低利率政策以促进出口；（3）降低国内区域之间的市场分割，促进区域市场一体化，以实现降低国内贸易成本来促进产品内销，同时鼓励企业出口市场多元化进而减轻对当个国外需求市场的过分依赖；（4）调整行业的产权性质，减少政府补贴的额度，维护公平竞争的市场环境。

第六章

结论、政策建议及研究展望

第一节　总结论

　　本研究首先通过综述并对比中西方国家产能过剩研究的已有成果，区分了中国的产能过剩成因与西方国家的同与不同（市场失灵与要素扭曲），并结合已有的产能过剩成因检验，认识到产能过剩成因在不同国家或行业具有多样性和特殊性，由此表明了对中国的产能过剩问题的深入研究，有利于丰富和补充现有的产能过剩研究成果；其次，通过梳理中国现有的产能过剩成因理论，认识到中国现有的产能过剩研究现状：成因理论繁多而实证检验较少，为此挖掘出以企业产权异质和晋升激励的视角构建了中国产能过剩成因的 DSGE 框架；再次，认识到孙巍等和韩国高等虽然以成本函数法测算了中国制造业的产能利用率，但无法进行中国产能过剩成因系统化检验的症结在于运用行业数据测算产能利用率，为此采用《中国工业企业数据库》的微观企业汇总数据，测算了中国制造业的产能利用率，并结合已有的产能过剩成因理论，纳入中国产能过剩成因的系统化指标，进行了中国的产能过剩成因检验。最后，结合第二章 DSGE 的框架与中国产能过剩和出口的特征事实，计量检验了中国制造业产能过剩与出口行为之间的关系。本研究有如下主要结论：

1. 结合新凯恩斯主义理论和经济转型的制度背景，构建纳入所有制异质与晋升激励的产能过剩成因 DSGE 框架，基于 DSGE 稳态进行扩展分析。研究发现，中国的产能过剩源于过剩劳动力和出口需求两方面：过剩劳动力为扩产企业提供实际工资不变的劳动，出口需求则为晋升激励下的居民消费挤出提供销路；晋升激励下的财政与公共职能，导致居民储蓄增加，为扩产企业提供资金来源；地方政府的补贴式竞争也为企业提供扩产资金。然而，刘易斯拐点的到来和外部经济危机下的出口萎缩，表明产能过剩的有利环境正在发生改变，需要把经济资源从产能过剩行业导出，优化资源配置。而这要以利率市场化和资源要素差别化配置为突破口，激发优质企业创新发展、增加居民收入和消费，从而化解过剩产能。

2. 以《中国工业企业数据库》的微观企业数据为基础汇总行业数据，尝试运用各种可变成本函数形式测算中国制造业的产能利用率，表明以标准化可变成本函数形式测算的中国制造业二分位行业的产能利用率最优。以两位数行业汇总数据和三位数行业汇总为基础数据，以似不相关回归和面板固定效应回归估计其他 3 种测度经济产能的成本函数形式，主要存在以下问题：（1）成本函数的回归系数不显著；（2）估计的系数不符合成本函数的性质；（3）测度的产能利用率严重偏离合理区间。

3. 国有产权和要素扭曲的产能过剩效应在增强。（1）国有产权性质及其与要素价格负向扭曲、预算软约束、市场化进程和垄断-商业信用的交互项对产能利用率的影响显著，且国有产权性质的产能过剩效应在增强；（2）要素价格负向扭曲与垄断-商业信用的产能过剩效应在增强；（3）预算约束硬化的产能过剩效应在增强；（4）加快市场化进程，提高行业集中度，降低信息不对称的前景共识，有利于提高行业产能利用率；（5）政府补贴对行业产能利用率的影响则不显著。

4. 要素扭曲在有产能过剩效应的同时，会通过产能出口效应化解部分产能。（1）生产率对出口的影响不稳健，高产能利用率行业的出口强度低。对此解释是由于出口价格低于国内价格，导致高产能利用率行业立足于本土市场以实现利润最大化。（2）国有产权显著为负，表明国有企业立足于本土市场；低利率提升出口；政府补贴对高产能利用率行业的出口促进更明显；加快市场化进程减少了出口。（3）新产品产值对高、低产能利用率行业的出口，有相反的促进和减少作用。（4）行业规模提升了出口。本研究说明了要素扭曲不仅有产能过剩效应，还有产能出口效应，而认清产能利用率的门限效应对于正确理解中国制造业出口行为至关重要。

第二节　政策建议

本研究的另外一个目的是给相关决策部门的政策提供借鉴和参考。依据本研究的主要结论，结合中国制造业产能过剩的实际情况，所提主要政策如下：

第一，加快利率市场化进程，发挥资本要素在产能调整过程中的机会成本作用。加快推进利率市场化进程，降低利率扭曲，推进和完善银行授信评级体制，使资金流入产能利用率高的企业，致使产能过剩的企业难以得到贷款等资金，或因还贷风险高而迫使银行以企业绩效为基准提供银行贷款，使得银行资金流入产能利用率高的企业，实现优胜劣汰的效果：淘汰落后产能、扩张先进产能。

第二，对产能过剩的企业实行生产要素强制性退出或投资优质新项目的资源差别化配置改革，调整优化其产能。

第三，鼓励和促进企业之间兼并重组，让优秀企业做大做强。政府应积极建立以法治为基础的市场经济治理体系，鼓励企业之间以合并、股权收购、资产收购、资产置换、债务重组等方式进行兼并重组，实现对困难企业和落后企业的要素资源整合，对企业的技术创新成果进行奖励，让优秀企业走出规模化、集约化的发展之路，以实现优秀产能淘汰落后产能的良性发展。

第四，建设公共职能型的地方政府，加快市场化进程，促进区域市场融合。地方政府考核机制中纳入新发展理念，将生态文明及民生指标纳入考核体系，鼓励地方政府更加关注民生及生态。让市场这只"看不见的手"去决定要素和资源的流向，充分发挥市场在过剩产能化解和产业结构调整中的作用，让宝贵的资源不再流向过剩的、落后的行业。

第五，工信部每年发布各行业产能利用状况数据，降低信息不对称程度。工信部每年定期地编制和发布中国制造业各行业的产能利用状况信息表，为广大投资者作出正确的投资决策提供信息参考，避免因信息不对称造成的投资误判及资源低效率甚至浪费，从而降低信息不对称的前景共识对产能过剩的影响。

第三节 研究展望

本研究虽然取得了初步的成功，但依然任重道远，尚有许多有待深入进行的研究工作，这里择其要者简要讨论如下：

1. 深入研究产能利用率测度方法，努力实现企业的产能利用率测度。笔者虽然以生产要素的机会成本法对制造业企业的产能利用率进行了初步的衡量，但是由于机会成本法测度产能利用率时，难以剔除技术进步、规模经济及企业成长等因素对企业要素成本的影响，进而导致了测度的企业产能利用率存在测度偏差。要科学、准确地测度企业的产能利用率或者探寻到企业产能利用率的替代指标，还需要深入的研究。

2. 在实现企业产能利用率测度的前提下，进一步实证产能过剩的成因。本文关于产能过剩的成因实证，还仅停留在行业层面的计量分析上，需要进一步深入地以企业作为研究对象，实证产能过剩的要素扭曲成因，得出各个因素对产能过剩的贡献值，对症下药治理中国制造业的产能过剩问题，实现资源的优化配置，促进经济的健康、平稳发展。

3. 拓展研究产能过剩与官员环境考核、清洁生产、行政去产能、贸易保护之间的关系。本文的内容方面，仅是从行业层面上实证了产能过剩与出口的内在关系，依据异质性企业理论，企业层面上产能过剩与出口之间的关系如何，有待进一步进行实证分析。当前中国经历了混合所有制改革、要素市场一体化建设，完善了社会主义市场经济，缓解了国有股权和要素价格扭曲产生的产能过剩，同时在地方官员的考核中纳入了环境指标、对具体行业发布了清洁生产标准，倒逼了环境污染的落后产能退出市场；2015 年 12 月，中央经济工作会议提出了 2016 年的五大任务——去产能、去库存、去杠杆、降成本、补短板，去产能为五大任务之首，法治退出了很多僵尸企业；2018 年 7 月 6 日，美国对从中国进口的约 340 亿美元的商品征收 25% 的关税，发达国家贸易保护主义抬头，企业面临着出口市场的巨大变动。以上这些都与产能投资及其利用率密切相关，都有待进一步深入的研究。

参考文献

一、中文文献

（一）专著

［1］陈秀山．现代竞争理论与竞争政策［M］．北京：商务印书馆，1997．

［2］樊纲，王小鲁，朱恒鹏．中国市场化指数：各地区市场化相对进程 2009 年报告［M］．北京：经济科学出版社，2010．

［3］鹤田俊正．高速增长的时期［M］．北京：国际文化出版公司，1988。

［4］科尔奈．社会主义体制：共产主义的政治经济学［M］．张安，译．北京：中央编译出版社，2006．

［5］李江涛．产能过剩问题、理论及治理机制［M］．北京：中国财政经济出版社，2006．

［6］李伟．进入替代、市场选择与演化特征：中国经济体制转型中市场进入问题研究［M］．上海：上海财经大学出版社，2006．

［7］李扬，王国刚，刘煜辉．中国城市金融生态环境评价［M］．北京：人民出版社，2005．

［8］罗云辉．过度竞争：经济学分析与治理［M］．上海：上海财

经大学出版社，2004.

[9] 魏后凯.从重复建设走向有序竞争 [M].北京：人民出版社，2001.

[10] 张红松.产业升级、不完全信息和产能过剩 [M].北京：北京大学出版社，2008.

（二）期刊

[1] 白雪洁，张哲.混合所有制改革能有效化解国有企业产能过剩吗 [J].经济理论与经济管理，2022，42（9）：21-37.

[2] 包群，唐诗，刘碧.地方竞争、主导产业雷同与国内产能过剩 [J].世界经济，2017，40（10）：144-169.

[3] 卞元超，白俊红.区域市场整合能否提升企业的产能利用率？[J].财经研究，2021，47（11）：64-77.

[4] 宾建成.关于治理我国出口商品低价竞销行为的思考 [J].现代财经，2003（12）：28-31.

[5] 蔡昉，都阳，高文书.就业弹性、自然失业和宏观经济政策：为什么经济增长没有带来显性就业？[J].经济研究，2004（9）：18-25，47.

[6] 曹建海.我国重复建设的形成机理与政策措施 [J].中国工业经济，2002（4）：26-33.

[7] 陈斌开，林毅夫.金融抑制、产业结构与收入分配 [J].世界经济，2012，35（1）：3-23.

[8] 陈明森.产能过剩与地方政府进入冲动 [J].天津社会科学，2006（5）：84-88.

[9] 陈天慈.我国产业过度进入的结构性与策略性因素分析 [J].财贸研究，2004（3）：23-26.

[10] 陈彦斌，邱哲圣.高房价如何影响居民储蓄率和财产不平等

[J]．经济研究，2011（10）：25-38.

[11] 程仲鸣，夏新平，余明桂．政府干预、金字塔结构与地方国有上市公司投资 [J]．管理世界，2008（9）：37-47.

[12] 董敏杰，梁泳梅，张其仔．中国工业产能利用率：行业比较、地区差距及影响因素 [J]．经济研究，2015，50（1）：84-98.

[13] 杜威剑．环境规制、企业异质性与国有企业过剩产能治理 [J]．产业经济研究，2018（6）：102-114.

[14] 樊茂清．中国产业部门产能利用率的测度以及影响因素研究 [J]．世界经济，2017，40（9）：3-26.

[15] 范林凯，吴万宗，余典范，等．中国工业产能利用率的测度、比较及动态演化：基于企业层面数据的经验研究 [J]．管理世界，2019，35（8）：84-96.

[16] 方森辉，毛其淋．人力资本扩张与企业产能利用率：来自中国"大学扩招"的证据 [J]．经济学（季刊），2021，21（6）：1993-2016.

[17] 付保宗．关于产能过剩问题研究综述 [J]．经济学动态，2011（5）：90-93.

[18] 傅勇．财政分权、政府治理与非经济性公共物品供给 [J]．经济研究，2010，45（8）：4-15，65.

[19] 傅勇，张晏．中国式分权与财政支出结构偏向：为增长而竞争的代价 [J]．管理世界，2007（3）：4-12，22.

[20] 干春晖，邹俊，王健．地方官员任期、企业资源获取与产能过剩 [J]．中国工业经济，2015（3）：44-56.

[21] 桂琦寒，陈敏，陆铭，等．中国国内商品市场趋于分割还是整合：基于相对价格法的分析 [J]．世界经济，2006（2）：20-30.

[22] 郭剑花，杜兴强．政治联系、预算软约束与政府补助的配置效率：基于中国民营上市公司的经验研究 [J]．金融研究，2011（2）：

114-128.

[23] 韩国高. 环境规制能提升产能利用率吗？——基于中国制造业行业面板数据的经验研究 [J]. 财经研究, 2017, 43 (6)：66-79.

[24] 韩国高, 陈庭富, 刘田广. 数字化转型与企业产能利用率：来自中国制造企业的经验发现 [J]. 财经研究, 2022, 48 (9)：154-168.

[25] 韩国高, 高铁梅, 王立国, 等. 中国制造业产能过剩的测度、波动及成因研究 [J]. 经济研究, 2011, 46 (12)：18-31.

[26] 贾智莲, 卢洪友. 财政分权与教育及民生类公共品供给的有效性：基于中国省级面板数据的实证分析 [J]. 数量经济技术经济研究, 2010, 27 (6)：139-150.

[27] 江飞涛, 曹建海. 市场失灵还是体制扭曲：重复建设形成机理研究中的争论、缺陷与新进展 [J]. 中国工业经济, 2009 (1)：53-64.

[28] 江飞涛, 耿强, 吕大国, 等. 地区竞争、体制扭曲与产能过剩的形成机理 [J]. 中国工业经济, 2012 (6)：44-56.

[29] 江小涓. 国有企业的能力过剩、退出及退出援助政策 [J]. 经济研究, 1995 (2)：46-54.

[30] 江小涓. 我国出口商品结构的决定因素和变化趋势 [J]. 经济研究, 2007, 42 (5)：4-16.

[31] 李成, 马文涛, 王彬. 通货膨胀预期与宏观经济稳定：1995—2008——基于动态随机一般均衡模型的分析 [J]. 南开经济研究, 2009 (6)：30-53.

[32] 李春顶. 中国制造业行业生产率的变动及影响因素：基于DEA技术的1998—2007年行业面板数据分析 [J]. 数量经济技术经济研究, 2009, 26 (12)：58-69.

[33] 李春吉, 孟晓宏. 中国经济波动：基于新凯恩斯主义垄断竞争模型的分析 [J]. 经济研究, 2006, 41 (10)：72-82.

［34］李浩，钟昌标.贸易顺差与中国的实际经济周期分析：基于开放的 RBC 模型的研究 ［J］.世界经济，2008（9）：60-65.

［35］李军杰.经济转型中的地方政府经济行为变异分析 ［J］.中国工业经济，2005（1）：39-46.

［36］李猛，沈坤荣.地方政府行为对中国经济波动的影响 ［J］.经济研究，2010，45（12）：35-47.

［37］李雪松，赵宸宇，聂菁.对外投资与企业异质性产能利用率 ［J］.世界经济，2017，40（5）：73-97.

［38］林毅夫，李志赟.政策性负担、道德风险与预算软约束 ［J］.经济研究，2004（2）：17-27.

［39］林毅夫，刘明兴，章奇.政策性负担与企业的预算软约束：来自中国的实证研究 ［J］.管理世界，2004（8）：81-89，127-156.

［40］林毅夫，巫和懋，邢亦青.“潮涌现象”与产能过剩的形成机制 ［J］.经济研究，2010，45（10）：4-19.

［41］刘斌，赖洁基.破行政垄断之弊能否去产能过剩之势？——基于出台《公平竞争审查制度》的准自然实验 ［J］.财经研究，2021，47（9）：34-47.

［42］刘磊，步晓宁，张猛.全球价值链地位提升与制造业产能过剩治理 ［J］.经济评论，2018（4）：45-58.

［43］刘西顺.产能过剩、企业共生与信贷配给 ［J］.金融研究，2006（3）：166-173.

［44］柳建华.银行负债、预算软约束与企业投资 ［J］.南方经济，2006（9）：100-109.

［45］卢锋.标本兼治产能过剩 ［J］.中国改革，2010（5）：88-91，119.

［46］卢锋.不恰当干预无助于治理产能过剩 ［J］.财经（金融实

务), 2010 (1).

[47] 陆铭, 陈钊, 严冀. 收益递增、发展战略与区域经济的分割 [J]. 经济研究, 2004 (1): 54-63.

[48] 罗云辉, 林洁. 苏州、昆山等地开发区招商引资中土地出让的过度竞争: 对中国经济过竞争原因分析的一项实证 [J]. 改革, 2003 (6): 101-106.

[49] 马红旗, 黄桂田, 王韧, 等. 我国钢铁企业产能过剩的成因及所有制差异分析 [J]. 经济研究, 2018, 53 (3): 94-109.

[50] 马君潞, 李泽广, 王群勇. 金融约束、代理成本假说与企业投资行为: 来自中国上市公司的经验证据 [J]. 南开经济研究, 2008 (1): 3-18.

[51] 马新啸, 汤泰劼, 郑国坚. 混合所有制改革能化解国有企业产能过剩吗? [J]. 经济管理, 2021, 43 (2): 38-55.

[52] 马永军, 李逸飞, 刘畅. 税收优惠政策能否化解制造业企业产能过剩? ——一个准自然实验分析 [J]. 财经问题研究, 2021 (6): 91-99.

[53] 毛其淋, 杨琦. 中间品贸易自由化如何影响企业产能利用率? [J]. 世界经济研究, 2021 (8): 32-48, 135-136.

[54] 毛其淋, 杨晓冬. 破解中国制造业产能过剩的新路径: 外资开放政策的视角 [J]. 金融研究, 2022 (7): 38-56.

[55] 毛其淋, 钟一鸣. 进口扩张如何影响企业产能利用率? ——来自中国制造业企业的微观证据 [J]. 世界经济文汇, 2022 (3): 1-16.

[56] 梅冬州, 王志刚. 土地财政、基建投资扩张与生产率下降 [J]. 经济学 (季刊), 2023, 23 (4): 1531-1548.

[57] 聂辉华, 贾瑞雪. 中国制造业企业生产率与资源误置 [J]. 世界经济, 2011, 34 (7): 27-42.

[58] 聂辉华，江艇，杨汝岱．中国工业企业数据库的使用现状和潜在问题 [J]．世界经济，2012（5）：142-158．

[59] 牛桂敏．从过度竞争到有效竞争：我国产业组织发展的必然选择 [J]．天津社会科学，2001（3）：63-66．

[60] 钱先航，曹廷求，李维安．晋升压力、官员任期与城市商业银行的贷款行为 [J]．经济研究，2011，46（12）：72-85．

[61] 秦朵，宋海岩．改革中的过度投资需求和效率损失：中国分省固定资产投资案例分析 [J]．经济学（季刊），2003（3）：807-832．

[62] 秦海．对中国产业过度竞争的实证分析 [J]．改革，1996（5）：81-90．

[63] 曲玥，蔡昉，张晓波．"飞雁模式"发生了吗？——对1998—2008年中国制造业的分析 [J]．经济学（季刊），2013，12（3）：757-776．

[64] 尚鸣．过剩产业谋变 [J]．中国投资，2006（3）：28-29．

[65] 邵军，徐康宁．制度质量、外资进入与增长效应：一个跨国的经验研究 [J]．世界经济，2008（7）：3-14．

[66] 沈利生．我国潜在经济增长率变动趋势估计 [J]．数量经济技术经济研究，1999（12）：3-6．

[67] 盛丹，王永进．中国企业低价出口之谜：基于企业加成率的视角 [J]．管理世界，2012（5）：8-23．

[68] 盛明泉，李昊．预算软约束、过度投资与股权再融资 [J]．中南财经政法大学学报，2010（4）：84-90，144．

[69] 施炳展，逯建，王有鑫．补贴对中国企业出口模式的影响：数量还是价格？[J]．经济学（季刊），2013，12（4）：1413-1442．

[70] 施炳展，冼国明．要素价格扭曲与中国工业企业出口行为 [J]．中国工业经济，2012（2）：47-56．

[71] 宋冬林，王林辉，董直庆．资本体现式技术进步及其对经济增

长的贡献率（1981—2007）［J］. 中国社会科学, 2011 (2): 91-106, 222.

［72］孙巍, 李何, 王文成. 产能利用与固定资产投资关系的面板数据协整研究: 基于制造业 28 个行业样本［J］. 经济管理, 2009, 31 (3): 38-43.

［73］覃成林, 张华, 张技辉. 中国区域发展不平衡的新趋势及成因: 基于人口加权变异系数的测度及其空间和产业二重分解［J］. 中国工业经济, 2011 (10): 37-45.

［74］唐嘉尉, 蔡利. 政府审计、非效率投资与产能利用率提升［J］. 审计研究, 2021 (1): 19-30.

［75］唐雪松, 周晓苏, 马如静. 政府干预、GDP 增长与地方国企过度投资［J］. 金融研究, 2010 (8): 33-48.

［76］陶然, 陆曦, 苏福兵, 等. 地区竞争格局演变下的中国转轨: 财政激励和发展模式反思［J］. 经济研究, 2009, 44 (7): 21-33.

［77］汪涛, 颜建国, 王魁. 政企关系与产能过剩: 基于中国制造企业微观视角［J］. 科研管理, 2021, 42 (3): 46-60.

［78］王立国, 鞠蕾. 地方政府干预、企业过度投资与产能过剩: 26 个行业样本［J］. 改革, 2012 (12): 52-62.

［79］王立国, 张日旭. 财政分权背景下的产能过剩问题研究: 基于钢铁行业的实证分析［J］. 财经问题研究, 2010 (12): 30-35.

［80］王立国, 周雨. 体制性产能过剩: 内部成本外部化视角下的解析［J］. 财经问题研究, 2013 (3): 27-35.

［81］王文甫, 明娟, 岳超云. 企业规模、地方政府干预与产能过剩［J］. 管理世界, 2014 (10): 17-36.

［82］王曦. 经济转型中的投资行为与投资总量［J］. 经济学 (季刊), 2005 (4): 129-146.

［83］王永进, 匡霞, 邵文波. 信息化、企业柔性与产能利用率

[J]. 世界经济, 2017, 40 (1): 67-90.

[84] 吴军, 白云霞. 我国银行制度的变迁与国有企业预算约束的硬化: 来自 1999—2007 年国有上市公司的证据 [J]. 金融研究, 2009 (10): 179-192.

[85] 吴利学, 刘诚. 项目匹配与中国产能过剩 [J]. 经济研究, 2018, 53 (10): 67-81.

[86] 吴联生. 国有股权、税收优惠与公司税负 [J]. 经济研究, 2009, 44 (10): 109-120.

[87] 席鹏辉, 梁若冰, 谢贞发, 等. 财政压力、产能过剩与供给侧改革 [J]. 经济研究, 2017, 52 (9): 86-102.

[88] 谢平, 罗雄. 泰勒规则及其在中国货币政策中的检验 [J]. 经济研究, 2002 (3): 3-12, 92.

[89] 辛清泉, 林斌. 债务杠杆与企业投资: 双重预算软约束视角 [J]. 财经研究, 2006 (7): 73-83.

[90] 徐蕾, 尹翔硕. 贸易成本视角的中国出口企业"生产率悖论"解释 [J]. 国际商务 (对外经济贸易大学学报), 2012 (3): 13-26.

[91] 徐业坤, 马光源. 地方官员变更与企业产能过剩 [J]. 经济研究, 2019, 54 (5): 129-145.

[92] 杨海生, 陈少凌, 周永章. 地方政府竞争与环境政策: 来自中国省份数据的证据 [J]. 南方经济, 2008 (6): 15-30.

[93] 杨蕙馨. 中国企业的进入退出: 1985—2000 年汽车与电冰箱产业的案例研究 [J]. 中国工业经济, 2004 (3): 99-105.

[94] 杨龙见, 李世刚, 刘盛宇, 等. 增值税留成会影响企业产能利用率吗? [J]. 经济学 (季刊), 2019, 18 (4): 1397-1418.

[95] 杨培鸿. 重复建设的政治经济学分析: 一个基于委托代理框架的模型 [J]. 经济学 (季刊), 2006 (1): 467-478.

[96] 杨汝岱. 中国工业制成品出口增长的影响因素研究：基于1994—2005年分行业面板数据的经验分析 [J]. 世界经济, 2008, 31 (8)：32-41.

[97] 杨兆徐. 我国产业"能力过剩"的实证分析：投资品产业结构问题 [J]. 经济问题探索, 1998 (1)：13-15.

[98] 杨振. 激励扭曲视角下的产能过剩形成机制及其治理研究 [J]. 经济学家, 2013 (10)：48-54.

[99] 杨振兵. 有偏技术进步视角下中国工业产能过剩的影响因素分析 [J]. 数量经济技术经济研究, 2016, 33 (8)：30-46.

[100] 杨振兵, 陈小涵. 资本价格扭曲是产能过剩的加速器吗？——基于中介效应模型的经验考察 [J]. 经济评论, 2018 (5)：45-59.

[101] 杨振兵, 吕祥秋, 邵帅, 等. 超额节能指标政策的工业去产能效应 [J]. 财贸经济, 2021, 42 (7)：97-113.

[102] 杨振兵, 严兵. 对外直接投资对产能利用率的影响研究 [J]. 数量经济技术经济研究, 2020, 37 (1)：102-121.

[103] 杨振兵, 张诚. 中国工业部门产能过剩的测度与影响因素分析 [J]. 南开经济研究, 2015 (6)：92-109.

[104] 杨正位. 应对产能过剩应增强战略思维和市场眼光 [J]. 中国经济时报, 2006 (4)：8-14.

[105] 于斌斌, 蒋倩倩. 土地供给如何影响产能过剩：机制与检验 [J]. 经济社会体制比较, 2022 (3)：44-56.

[106] 余靖雯, 韩秀华, 李一可. 政府补贴与企业产能过剩 [J]. 产业经济评论, 2022 (5)：130-153.

[107] 余淼杰. 中国的贸易自由化与制造业企业生产率 [J]. 经济研究, 2010, 45 (12)：97-110.

[108] 余明桂, 潘红波. 金融发展、商业信用与产品市场竞争

[J]. 管理世界, 2010 (8)：117-129.

[109] 张杰, 周晓艳, 郑文平, 等. 要素市场扭曲是否激发了中国企业出口 [J]. 世界经济, 2011, 34 (8)：134-160.

[110] 张军, 威廉·哈勒根. 转轨经济中的"过度进入"问题：对"重复建设"的经济学分析 [J]. 复旦学报（社会科学版）, 1998 (1)：21-26.

[111] 张敏, 吴联生, 王亚平. 国有股权、公司业绩与投资行为 [J]. 金融研究, 2010 (12)：115-130.

[112] 张庆昌, 李平. 生产率与创新工资门槛假说：基于中国经验数据分析 [J]. 数量经济技术经济研究, 2011, 28 (11)：3-21.

[113] 张维迎, 马捷. 恶性竞争的产权基础 [J]. 经济研究, 1999 (6)：11-20.

[114] 张屹山, 张代强. 前瞻性货币政策反应函数在我国货币政策中的检验 [J]. 经济研究, 2007 (3)：20-32.

[115] 赵伟, 赵金亮, 韩媛媛. 异质性、沉没成本与中国企业出口决定：来自中国微观企业的经验证据 [J]. 世界经济, 2011, 34 (4)：62-79.

[116] 钟伟, 宛圆渊. 预算软约束和金融危机理论的微观建构 [J]. 经济研究, 2001 (8)：44-52, 96.

[117] 周黎安. 晋升博弈中政府官员的激励与合作：兼论我国地方保护主义和重复建设问题长期存在的原因 [J]. 经济研究, 2004 (6)：33-40.

[118] 周瑞辉. 体制扭曲的产能出口门限假说：以产能利用率为门限值 [J]. 世界经济研究, 2015 (4)：80-94.

[119] 周瑞辉, 廖涵. 所有制异质、官员激励与中国的产能过剩：基于一个 DSGE 框架的扩展分析 [J]. 产业经济研究, 2014 (3)：32-41.

[120] 周瑞辉, 廖涵. 国有产权、体制扭曲与产能利用：基于中

国 1998—2007 年制造业行业的面板分析 [J]. 山西财经大学学报，2015, 37 (1)：58-69.

[121] 周瑞辉，刘耀彬，杨新梅. 环境规制强度与行业内企业加总全要素生产率 [J]. 南京财经大学学报，2021 (5)：86-96.

[122] 周瑞辉，杨新梅. 经济增长目标压力与城市绿色发展 [J]. 城市问题，2021 (1)：63-72.

[123] 周瑞辉，杨新梅，刘耀彬. 中央环境规制、地方政企策略行为与污染企业全要素生产率 [J]. 北京理工大学学报（社会科学版），2023, 25 (4)：65-82.

[124] 周中胜，罗正英. 财政分权、政府层级与企业过度投资：来自地区上市公司面板数据的经验证据 [J]. 财经研究，2011, 37 (11)：4-15.

[125] 朱希伟，金祥荣，罗德明. 国内市场分割与中国的出口贸易扩张 [J]. 经济研究，2005, 40 (12)：68-76.

（三）论文

[1] 龚刚，杨琳. 我国生产能力利用率的估算 [D]. 北京：清华大学中国经济研究中心，2022.

[2] 何彬. 基于窖藏行为的产能过剩形成机理及其波动性特征研究 [D]. 长春：吉林大学，2008.

二、英文文献

（一）著作

[1] BAIN J S. *Industrial Organization* [M]. New York：John Wiley & Sons Ltd，1959.

[2] BAIN J S. *Barriers to New Cometition* [M]. Cambridge：Harvard University Press，1962.

［3］ BERNDT E R, FIELD B C. *Modeling and Measuring Natural Resource Substitution* ［M］. Cambridge: MIT Press, 1981.

［4］ CHAMBERLAIN E H. *The Theory of Monopolistic Competition* ［M］. Cambridge: Harvard University Press, 1933.

［5］ HOWELL T R, NOELLER W A, KREIER J G, et al. *Steel and the State: Government Intervention and Steel's Structural Crisis* ［M］. New York: Routledge, 1989.

［6］ KEYNES J M. *The General Theory of Employment, Interest and Money* ［M］. London: Palgrave Macmillan Cham, 2018.

［7］ TUCKER A W. *A Two-Person Dilemma* ［M］. Reduood City Stanford University Press, 1950.

［8］ WICKSELL K. *Interest and Prices* ［M］. Auburn: Ludwig von Mises Institute, 1936.

［9］ WOODFORD M. *Interest and Prices: Foundations of a Theory of Monetary Policy* ［M］. Princeton: Princeton University Press, 2003.

［10］ FRIEDMAN M. The Methodology of Positive Economics ［M］// MAKI U. The Methodology of Positive Economics Reflections on the Milton Friedman Legacy. Cambridge: Cambridge University Press, 2009.

［11］ GILCHRIST S, SAITO M. Expectations, Asset Prices, and Monetary Policy: The Role of Learning ［M］//CAMPBELL J Y. *Asset Prices and Monetary Policy*. Chicago: University of Chicago Press, 2008.

（二）期刊

［1］ SANDMO A. On the Theory of the Competitive Firm Under Price Uncertainty ［J］. *The American Economic Review*, 1971, 61 (1): 65-73.

［2］ AN S, SCHORFHEIDE F. Bayesian Analysis of DSGE Models ［J］. *Econometric Reviews*, 2007, 26 (2-4): 113-172.

[3] ARETZ K, POPE P F. Real Options Models of the Firm, Capacity Overhang, and the Cross Section of Stock Returns [J]. *The Journal of Finance*, 2018, 73 (3): 1363-1415.

[4] VANY A D, FREY G. Backlogs and the Value of Excess Capacity in the Steel Industry [J]. *The American Economic Review*, 1982, 72 (3): 441-451.

[5] AW B Y, CHUNG S, ROBERTS M J. Productivity and Turnover in the Export Market: Micro Evidence from Taiwan and South Korea [J]. *The World Bank Economic Review*, 2000, 14 (1): 65-90.

[6] SPENCE A M. Entry, Capacity, Investment and Oligopolistic Pricing [J]. *The Bell Journal of Economics*, 1977, 8 (2): 534-544.

[7] BERNANKE B S, GERTLER M, GILCHRIST S. The Financial Accelerator in a Quantitative Business Cycle Framework [J]. *Handbook of Macroeconomics, Elsevier*, 1999, 1: 1341-1393.

[8] BORRMANN A, BUSSE M, NEUHAUS S. Institutional Quality and the Gains from Trade [J]. *Kyklos*, 2006, 59 (3): 345-368.

[9] BRANDT L, BIESEBROECK J V, ZHANG Y F. Creative Accounting or Creative Destruction? Firm-Level Productivity Growth in Chinese Manufacturing [J]. *Journal of Development Economics*, 2012, 97 (2): 339-351.

[10] BLONIGEN B A, WILSON W W. Foreign Subsidization and Excess Capacity [J]. *Journal of International Economics, Elsevier*, 2010, 80 (2): 200-211.

[11] HANSEN B E. Sample Splitting and Threshold Estimation [J]. *Econometrica*, 2000, 68 (3): 575-603.

[12] PASHIGIANB P. Limit Price and the Market Share of the Leading

Firm [J]. *The Journal of Industrial Economics*, 1968, 16（3）: 165-177.

[13] DAVIDSON C, DENECKERE R. Excess Capacity and Collusion [J]. *International Economic Review*, 1990, 31（3）: 521-541.

[14] PAULC M. On the Economic Interpretation and Measurement of Optimal Capacity Utilization with Anticipatory Expectations [J]. *The Review of Economic Studies*1985, 52（2）: 295-231.

[15] CAVES R E, PORTER M E. From Entry Barriers to Mobility Barriers: Conjectural Decisions and Contrived Deterrence to New Competition [J]. *Quarterly Journal of Economics*, 1977, 91（2）: 241-262.

[16] MARCO C, MARIACRISTINA D N. Entrepreneurship, Frictions and Wealth [J]. *Journal of Political Economy*, 2003（8）: 41.

[17] TIEBOUT C M. A Pure Theory of Local Expenditures [J]. *Journal of Political Economy*, 1956, 64（5）: 416.

[18] CHEN B, YAO Y. The Cursed Virtue: Government Infrastructural Investment and Household Consumption in Chinese Provinces [J]. *Oxford Bulletin of Economics and Statistics forthcoming*, 2011, 73: 856-877.

[19] CHRISTENSEN L R. Conjugate Duality and the Transcedental Logarithmic Production Function [J]. *Econometrica*, 1971, 39: 255-256.

[20] CHRISTIANO L, EICHENBAUM M, EVANS C. Nominal Rigidities and the Dynamic Effects of a Shock to Monetary Policy [J]. *Journal of Political Economy*, 2005, 113（1）: 1-45.

[21] CLERIDES S K, LACH S, TYBOUT J R. Is Learning by Exporting Important? Micro-Dynamic Evidence from Colombia, Mexico, and Morocco [J]. *The Quarterly Journal of Economics*, 1998, 113（3）: 903-947.

[22] CORSETTI G, PAOLO P. Welfare and Macroeconomic Interdependence [J]. *Quarterly Journal of Economics*, 2001, 116（2）: 421-445.

[23] JORGENSON D W. Capital Theory and Investment Behavior [J]. *The American Economic Review*, 1963, 53 (2): 247-259.

[24] DIXIT A K, STIGLER J E. Monopolistic Competition and Optimum Product Diversity [J]. *American Economic Review*, 1979, 69 (5): 961-963.

[25] JORGENSON D W, GRILICHES Z. The Explanation of Productivity Change [J]. *The Review of Economic Studies*, 1967, 34 (3): 249-283.

[26] BERNDT E R, MORRISON C J. Capacity Utilization Measures: Underlying Economic Theory and an Alternative Approach [J]. *The American Economic Review*, 1981, 71 (2): 48-52.

[27] BERNDT E R, HESSE D M. Measuring and Assessing Capacity Utilization in the Manufacturing Sectors of Nine OECD countries [J]. *European Economic Review*, 1986, 30 (5): 961-989.

[28] MORRISON C J, BERNDT E R. Short-Run Labor Producticity in a Dynamic Model [J]. *Journal of Econometrics*, 1981, 16 (3): 339-365.

[29] FERNANDEZ-VILLAVERDE J, KRUEGER D. Consumption and Saving over the Life Cycle: How Important are Consumer Durables? [J]. *Macroeconomic Dynamics*, 2011, 15 (5): 725-770.

[30] FOSS M F. The Utilization of Capital Equipment: Postwar Compared with Prewar [J]. *Survey of Current Business*, 1963: 8-16.

[31] ESPOSITO F F, ESPOSITO L. Excess Capacity and Market Structure [J]. *The Review of Economics and Statistics*, 1974, 56 (2): 188-194.

[32] ESPOSITO F F, ESPOSITO L. Excess Capacity and Market Structure in U. S. Manufacturing: New Evidence [J]. *Quarterly Journal of Business and Economics*, 1986, 25 (3): 3-14.

[33] FRIEDMAN M. The Role of Monetary Policy [J]. *The American Economic Review*, 1968, 58 (1): 1-17.

[34] GAROFALO G A, MALHOTRA D M. Regional Measures of Capacity Utilization in the 1980s [J]. *The Review of Economics and Statistics*, 1997, 79 (3): 415-421.

[35] GILBERT R J. Chapter 8 Mobility Barriers and the Value of Incumbency [J]. *Handbook of Industrial Organization*, 1989, 1: 475-535.

[36] GOODFRIEND M, KING R G. The New Neoclassical Synthesis and the Role of Monetary Policy [J]. *NBER Macroeconomics Annual*, 1997, 12: 231-283.

[37] CALVO G A, THOUMI F E. Demand Fluctuations, Inventories and Capacity Utilization [J]. *Southern Economic Journal*, 1984, 50 (3): 743-754.

[38] ARCHIBALD G C. Chamberlin Versus Chicago [J]. *The Review of Economic Studies*, 1961, 29 (1): 2-28.

[39] DEMSETZ H. The Nature of Equilibrium in Monopolistic Competition [J]. *Journal of Political Economy*, 1959, 67 (1): 21-30.

[40] IRELAND P N. Endogenous Money or Sticky Prices? [J]. *Journal of Monetary Economics*, 2003, 50: 1623-1648.

[41] KORNAI J. The Soft Budget Constraint [J]. *Kyklos*, 1986, 39 (1): 3-30.

[42] GABSZEWICZ J J, PODDAR S. Demand Fluctuations and Capacity Utilization under Duopoly [J]. *Economic Theory*, 1997, 10: 131-146.

[43] BENOIT J P, KRISHNA V. Dynamic Duopoly: Prices and Quantities [J]. *The Review of Economic Studies*, 1987, 54 (1): 23-35.

[44] BAIN J S. A Note on Pricing in Monopoly and Oligopoly [J]. *The American Economic Review*, 1949, 39 (2): 448-464.

[45] JOHANSEN L. Production Functions and the Concept of Capacity

[J]. *Economie Mathematique et Econometrie*, 1968, 2: 49-72.

[46] HILKE J C. Excess Capacity and Entry: Some Empirical Evidence [J]. *The Journal of Industrial Economics*, 1984, 33 (2): 233-240.

[47] NASH J F, JR. The Bargaining Problem [J]. *Econometrica*, 1950, 18 (2): 155-162.

[48] NASH J. Non-Cooperative Games [J]. *Annals of Mathematics*, 1951, 54 (2): 286-295.

[49] DUNLOP J T. The Movement of Real and Money Wage Rates [J]. *The Economic Journal*, 1938, 48 (191): 413-434.

[50] WENDERS J T. Excess Capacity as a Barrier to Entry [J]. *The Journal of Industrial Economics*, 1971, 20 (1): 14-19.

[51] CASSELS J M. Excess Capacity and Monopolistic Competition [J]. *The Quarterly Journal of Economics*, 1937, 51 (3): 426-443.

[52] SMITH K R. The Effect of Uncertainty on Monopoly Price, Capital Stock and Utilization of Capital [J]. *Journal of Economic Theory*, 1969, 1 (1): 48-59.

[53] CONRAD K, UNGER R. Ex Post Tests for Short-And Long-Run Optimization [J]. *Journal of Econometrics*, 1987, 36 (3): 339-358.

[54] KLEIN L R. Some Theoretical Issues in the Measurement of Capacity [J]. *Econometrica*, 1960, 28 (2): 272-286.

[55]. KYDLAND F E, PRESCOTT E C. Time to Build and Aggregate Fluctuations [J]. *Econometrica*, 1982, 50 (6): 1345-1370.

[56] CONRAD K, VEALL M R. A Test for Strategic Excess Capacity [J]. *Empirical Economics*, 1991, 16 (4): 433-445.

[57] KLEIN L R, LONG V, GREENSPAN A, et al. Capacity Utilization: Concept, Measurement, and Recent Estimates [J]. *Brookings*

Papers on Economic Activity, 1973, 1973 (3): 743-763.

[58] LONG C, ZHANG X B. Cluster – Based Industrialization in China: Financing and Performance [J]. *Journal of International Economics*, 2011, 84: 112-123.

[59] TARSHIS L. Changes in Real and Money Wages [J]. *The Economic Journal*, 1939, 49 (193): 150.

[60] LIEBERMAN M B. Excess Capacity as a Barrier to Entry: An Empirical Appraisal [J]. *The Journal of Industrial Economics*, 1987, 35 (4): 607-627.

[61] DEWATRIPONT M, MASKIN E. Credit and Efficiency in Centralized and Decentralized Economies [J]. *The Review of Economic Studies*, 1995, 62 (4):, 541-555.

[62] OBSTFELD M, ROGOFF K. Exchange Rate Dynamics Redux [J]. *Journal of Political Economy*, 1995, 103 (3): 624-660.

[63] MELITZ M J. The Impact of Trade on Intra-Industry Reallocations and Aggregate Industry Productivity [J]. *Econometrica*, 2003, 71 (6): 1695-1725.

[64] BLOOM N, BOND S, REENEN J V. Uncertainty and Investment Dynamics [J]. *The Review of Economic Studies*, 2007, 74 (2): 391-415.

[65] CAVES R, JARRETT J, LOUCKS M K. Competitive Conditions and the Firm's Buffer Stocks: An Exploratory Analysis [J]. *The Review of Economics and Statistics*, 1979, 61 (4): 485-496.

[66] NELSON R R. Uncertainty, Prediction, and Competitive Equilibrium [J]. *The Quarterly Journal of Economics*, 1961, 75 (1): 41-62.

[67] SCHMALENSEE R. A Note on Monopolistic Competition and Excess Capacity [J]. *Journal of Political Economy*, 1972, 80 (3): 586-591.

[68] SOLOW R M. Technical Change and the Aggregate Production Function [J]. *The Review of Economics and Statistics*, 1957, 39 (3): 312-320.

[69] TOWNSEND R. Optimal Contracts and Competitive Markets with Costly State Verification [J]. *Journal of Economic Theory*, 1979, 21 (2): 265-293.

[70] MASSON R T, SHAANAN J. Excess Capacity and Limit Pricing: An Empirical Test [J]. *Economica, New Series*, 1986, 53 (211): 365-378.

[71] ROTEMBERG J J. Sticky Prices in the United States [J]. *Journal of Political Economy*, 1982, 90 (6): 1187-1211.

[72] ROTEMBERG J J, WOODFORD M. An Optimization-Based Econometric Framework for the Evaluation of Monetary Policy [J]. *NBER Macroeconomics Annual*, 1997, 12: 297-346.

[73] RICHARDSON S. Over-Investment of Free Cash Flow [J]. *Review of Accounting Studies*, 2006, 11 (2): 159-189.

[74] SHLEIFER A, VISHNY R W. Politicians and Firms [J]. *The Quarterly Journal of Economics*, 1994, 109 (4): 995-1025.

[75] SMETS F, WOUTERS R. An Estimated Dynamic Stochastic General Equilibrium Model of the Euro Area [J]. *Journal of the European Economic Association*, 2003, 1 (5): 1123-1175.

[76] SMETS F, WOUTERS R. Shocks and Frictions in US Business Cycles: A Bayesian DSGE Approach [J]. *The American Economic Review*, 2007, 97 (3): 586-606.

[77] STAIGER R W, WOLAK F A. The Effect of Domestic Antidumping Law in the Presence of Foreign Monopoly [J]. *Journal of International Economics*, 1992, 32 (3-4): 265-287.

［78］SALOP S C. Strategic Entry Deterrence ［J］. *The American Economic Review*, 1979, 69 (2): 335-338.

［79］SUMMERS L. Some Skeptical Observations on Real Business Cycle Theory ［J］. *The Quarterly Review*, 1986, 10: 23-27.

［80］BASU S. Procyclical Productivity: Increasing Returns or Cyclical Utilization? ［J］. *The Quarterly Journal of Economics*, 1996, 111 (3): 719-751.

［81］AVENSSON L E O, WIJNBERGEN S V. Excess Capacity, Monopolistic Comletition, and International Transmission of Monetary Disturbances ［J］. *Economic Journal*, 1989, 99 (397): 785-805.

［82］MA T C. Strategic Investment and Excess Capacity: A study of the Taiwanese Flour Industry ［J］. *Journal of Applied Economics*, 2005, 8: 1, 153-170.

［83］GAJANAN S, MALHOTRA D. Measures of Capacity Utilization and Its Determinants: A Study of Indian Manufacturing ［J］. *Applied Economics*, 2007, 39 (6): 765-776.

［84］QI W Y. Labor as a Quasi-Fixed Factor ［J］. *Journal of Political Economy*, 1962, 70 (6): 538-555.

［85］WILSON J D. Theories of Tax Competition ［J］. *National Tax Journal*, 1999, 52 (2): 269-304.

［86］WINDMEIJER F. "A Finite Sample Correction for the Variance of Linear Efficient Two-Step GMM Estimators ［J］. *Journal of Econometrics*, 2005, 126 (1): 25-51.

［87］DIEWERT W E. An Application of the Shephard Duality Theorem: A Generalized Leontief Production Function ［J］. *Journal of Political Economy*, 1971, 79 (3): 481-507.

［88］ YUN T. Nominal Price Rigidity, Money Supply Endogeneity, and Business Cycles ［J］. *Journal of Monetary Economics*, 1996, 37 (2): 345-370.

［89］ ZHOU R H, YANG X M. Cleaner Production and Total Factor Productivity of Polluting Enterprises ［J］. *Journal of Cleaner Production*, 2023, 423: 138827.

（三）其他

［1］ SONG I H. House Prices and Consumption ［D］. *Columbus, The Ohio State University*, 2010.

附　录

附录 1　产能过剩测度表达式的推导过程

(一) 真实刚性产能过剩的推导过程

$$\min C(N_t(i), K_t(i)) = W_t N_t(i) + [P_t R_{kt} Q_{t-1} - P_t Q_t(1-\delta)] K_t(i)$$

$$st. \ [{}_t^A L_t(i)] b K_t(i) 1-b = Y_t(i) \Rightarrow y_t(i) = Z^{b-1} N_t(i) b k_t(i) 1-b$$

$$\begin{cases} \dfrac{\partial L}{\partial N_t(i)} = W_t - \lambda b A_t^b L_t(i) b - 1 K_t(i) 1-b = 0 \\[3mm] \dfrac{\partial L}{\partial K_t(i)} = [P_t R_{kt} Q_{t-1} - P_t Q_t(1-\delta)] - \lambda(1-b) A_t^b L_t(i) b K_t(i) -b = 0 \end{cases}$$

$$\Rightarrow \begin{cases} ({}_t^W) b = \lambda^b b^b A_t^{b^2} L_t(i) b(b-1) K_t(i) b(1-b) \\[3mm] [{}_t^P R_{kt} Q_{t-1} - P_t Q_t(1-\delta)] 1-b = \lambda^{1-b}({}^1-b) 1-b A_t^{b(1-b)} L_t(i) b(1-b) K_t(i) \\[2mm] \quad -b(1-b) \end{cases}$$

$$\Rightarrow ({}_t^W) b [{}_t^P R_{kt} Q_{t-1} - P_t Q_t(1-\delta)] 1-b = \lambda b^b({}^1-b) 1-b A_t^b$$

$$\Rightarrow \frac{C}{Y_{\theta \to \infty}} = \frac{(w_t)^b [R_{kt} Q_{t-1} - Q_t(1-\delta)]^{1-b} P_t}{b^b (1-b)^{1-b}} = \lambda$$

生产函数：$Y_t(i) = [A_t L_t(i)]^b K_t(i)^{1-b}$

166

劳动力需求（9a）：$N_t(i) = \dfrac{(\theta-1)by_t(i)}{\theta w_t} \dfrac{P_t(i)}{P_t}$

资本品需求（10a）：$k_t(i) = \dfrac{(\theta-1)Z(1-b)y_t(i)}{\theta[Q_{t-1}R_{kt}-Q_t(1-\delta)]} \dfrac{P_t(i)}{P_t}$

$$\Rightarrow \begin{cases} \dfrac{P_t(i)}{P_t} = \dfrac{\theta}{(\theta-1)} \dfrac{w_b^b[R_{kt}-(1-\delta)]^{1-b}}{b^b(1-b)^{1-b}} = \dfrac{\theta}{(\theta-1)} \\[4mm] P_t(i) = \dfrac{C}{Y_{\theta\to\infty}} = \dfrac{(w_t)^b[R_{kt}Q_{t-1}-{}_tQ_t(1-\delta)]^{1-b}P_t}{b^b(1-b)^{1-b}} = P_t = \lambda \end{cases}$$

$$\Rightarrow CN_m = \gamma_t(i)\left(\dfrac{P_t(i)}{P_t}-1\right) = \gamma_t(i)\theta^{-1}$$

（二）名义黏性产能过剩的推导过程

在存在价格黏性和调整成本的情况下，依据式（30）-（32），可得：

$$\begin{cases} \xi_t = \dfrac{(\beta Z-1)\lambda_t\varphi(1-\frac{\pi_t}{\pi})\frac{\pi_t}{\pi}+\lambda_t(\theta-1)}{\theta} \\[6mm] k_t(i) = \dfrac{Z[(\beta Z-1)\varphi(1-\frac{\pi_t}{\pi})\frac{\pi_t}{\pi}+(\theta-1)](1-b)y_t(i)}{\theta[(1-\delta)-R_{kt}]} \\[6mm] N_t(i) = \dfrac{[(\beta Z-1)\varphi(1-\frac{\pi_t}{\pi})\frac{\pi_t}{\pi}+(\theta-1)]by_t(i)}{\theta w_t} \end{cases}$$

$$y_t(i) = Z^{b-1}N_t(i)^b k_t(i)^{1-b} = \dfrac{(\theta-1)b^b(1-b)^{1-b}y_t(i)}{\theta w_t^b[(1-\delta)-R_{kt}]^{1-b}}$$

$$\Rightarrow y_{my}(i) = \dfrac{[(\beta Z-1)\varphi(1-\frac{\pi_t}{\pi})\frac{\pi_t}{\pi}+(\theta-1)]b^b(1-b)^{1-b}y_t(i)}{\theta w_t^b[(1-\delta)-R_{kt}]^{1-b}}$$

$$\Rightarrow CN_{my}(i) = \frac{y_{my}(i)}{y_t(i)} - 1 = \frac{\left[(\beta Z-1)\varphi\left(1-\frac{\pi_t}{\pi}\right)\frac{\pi_t}{\pi}+(\theta-1)\right]}{(\theta-1)} - 1$$

$$= \frac{(\beta Z-1)\varphi\left(1-\frac{\pi_t}{\pi}\right)\frac{\pi_t}{\pi}}{(\theta-1)}$$

（三）不考虑消费挤出效应和净出口增加的情况下的要素扭曲性产能过剩推导

$$\begin{cases} N_t(i) = \dfrac{(1+s_{tjG})}{s_t}\dfrac{b(\theta-1)y_t(i)}{w_t\theta} \\[4mm] k_t(i) = \dfrac{(1+s_{tjG})}{s_t}\dfrac{Z(\theta-1)(1-b)y_t(i)}{\theta[R_{kt}-(1-\delta)]} \end{cases}$$

$$y_t(i) = Z^{b-1}N_t(i)^b k_t(i)^{1-b} = \frac{(\theta-1)b^b(1-b)^{1-b}y_t(i)}{\theta w_t^b\left[(1-\delta)-R_{kt}\right]^{1-b}}$$

$$\Rightarrow CN_{tz}(i) = \frac{y_{tz}(i)}{y_t(i)} - 1 = \frac{(1+s_{tjG})}{s_t} - 1 = \frac{1-s_t+s_{tjG}}{s_t}$$

附录2 各种成本函数回归系数的成本函数性质

表1 四种成本函数形式下的面板固定效应回归的性质汇总：两位数行业

制造业行业类型	轻工业行业			
成本函数形式	可变成本	标准化可变成本	里昂惕夫成本	超越对数成本
满足要素价格 PL 凹性	不符合			
满足要素价格 PM/pm 凹性	符合	不符合	不符合	难以判断
满足固定要素 K 凸性	不符合	难以判断	难以判断	难以判断
R-sq	0.9965	0.9721	0.9877	0.9768
10% 显著性的系数个数比	8/13	8/10	6/9	8/14
10% 著性的测度系数个数比	2/4	3/5	4/4	8/14
制造业行业类型	重工业行业			
成本函数形式	可变成本	标准化可变成本	里昂惕夫成本	超越对数成本
满足要素价格 PL 凹性	不符合			
满足要素价格 PM/pm 凹性	不符合	符合	符合	难以判断
满足固定要素 K 凸性	不符合	难以判断	难以判断	难以判断
R-sq	0.9989	0.9737	0.9721	0.9858
10% 著性的系数个数比	10/13	1/10	4/9	6/14
10% 著性的测度系数个数比	3/4	0/5	3/4	6/14
制造业行业类型	劳动密集型行业			
成本函数形式	可变成本	标准化可变成本	里昂惕夫成本	超越对数成本
满足要素价格 PL 凹性	符合			

制造业行业类型	劳动密集型行业			
成本函数形式	可变成本	标准化可变成本	里昂惕夫成本	超越对数成本
满足要素价格 PM/pm 凹性	不符合	不符合	符合	难以判断
满足固定要素 K 凸性	不符合	难以判断	难以判断	难以判断
R-sq	0.9990	0.9978	0.9979	0.9955
10%著性的系数个数比	8/13	9/10	4/9	9/14
10%著性的测度系数个数比	2/4	4/5	3/4	9/14
制造业行业类型	非劳动密集型行业			
成本函数形式	可变成本	标准化可变成本	里昂惕夫成本	超对越数成本
满足要素价格 PL 凹性	符合			
满足要素价格 PM/pm 凹性	不符合	不符合	不符合	难以判断
满足固定要素 K 凸性	不符合	难以判断	难以判断	难以判断
R-sq	0.9984	0.9557	0.9658	0.9922
10%显著性的系数个数比	5/13	4/10	2/9	3/14
10%显著性的测度系数个数比	1/4	4/5	0/4	3/14

表 2　四种成本函数形式下的似不相关回归的性质汇总：两位数行业

制造业行业类型	轻工业行业			
成本函数形式	可变成本	标准化可变成本	里昂惕夫成本	超越对数成本
满足要素价格 PL 凹性	不符合			
满足要素价格 PM/pm 凹性	符合	不符合	不符合	难以判断
满足固定要素 K 凸性	不符合	难以判断	难以判断	难以判断
R-sq				

制造业行业类型	轻工业行业			
成本函数形式	可变成本	标准化可变成本	里昂惕夫成本	超越对数成本
10%显著性的系数个数比	9/13	9/10	7/9	6/14
10%著性的测度系数个数比	2/4	3/5	4/4	6/14
制造业行业类型	重工业行业			
成本函数形式	可变成本	标准化可变成本	里昂惕夫成本	超越对数成本
满足要素价格PL凹性	不符合			
满足要素价格 PM/pm 凹性	不符合	不符合	不符合	难以判断
满足固定要素 K 凸性	不符合	难以判断	难以判断	难以判断
R-sq				
10%著性的系数个数比	11/13	2/10	7/9	1/14
10%著性的测度系数个数比	3/4	2/5	3/4	1/14
制造业行业类型	劳动密集型行业			
成本函数形式	可变成本	标准化可变成本	里昂惕夫成本	超越对数成本
满足要素价格PL凹性	不符合			
满足要素价格 PM/pm 凹性	不符合	不符合	不符合	难以判断
满足固定要素 K 凸性	不符合	难以判断	难以判断	难以判断
R-sq				
10%著性的系数个数比	8/13	9/10	4/9	8/14
10%著性的测度系数个数比	2/4	4/5	3/4	8/14
制造业行业类型	非劳动密集型行业			
成本函数形式	可变成本	标准化可变成本	里昂惕夫成本	超越对数成本
满足要素价格PL凹性	不符合			

续表

制造业行业类型	非劳动密集型行业			
成本函数形式	可变成本	标准化可变成本	里昂惕夫成本	超越对数成本
满足要素价格 PM/pm 凹性	符合	不符合	符合	难以判断
满足固定要素 K 凸性	不符合	难以判断	难以判断	难以判断
R-sq				
10% 显著性的系数个数比	5/13	7/10	4/9	4/14
10% 显著性的测度系数个数比	1/4	5/5	2/4	4/14

表 3　四种成本函数形式下的似不相关回归的性质汇总：三位数行业

制造业行业类型	轻工业行业			
成本函数形式	可变成本	标准化可变成本	里昂惕夫成本	超越对数成本
满足要素价格 PL 凹性	不符合			
满足要素价格 PM/pm 凹性	符合	不符合	不符合	难以判断
满足固定要素 K 凸性	不符合	难以判断	难以判断	难以判断
样本数量	1008	1008	1008	1008
10% 显著性的系数个数比	12/13	9/10	6/9	5/14
10% 著性的测度系数个数比	4/4	4/5	2/4	5/14
制造业行业类型	重工业行业			
成本函数形式	可变成本	标准化可变成本	里昂惕夫成本	超越对数成本
满足要素价格 PL 凹性	不符合			
满足要素价格 PM/pm 凹性	不符合	符合	符合	难以判断
满足固定要素 K 凸性	不符合	难以判断	难以判断	难以判断
样本数量	1818	1818	1818	1818

制造业行业类型	重工业行业			
10%著性的系数个数比	10/13	9/10	9/9	8/14
10%著性的测度系数个数比	4/4	5/5	4/4	8/14
制造业行业类型	劳动密集型行业			
成本函数形式	可变成本	标准化可变成本	里昂惕夫成本	超越对数成本
满足要素价格 PL 凹性	不符合			
满足要素价格 PM/pm 凹性	符合	不符合	符合	难以判断
满足固定要素 K 凸性	不符合	难以判断	难以判断	难以判断
样本数量	855	855	855	855
10%著性的系数个数比	10/13	9/10	5/9	5/14
10%著性的测度系数个数比	3/4	4/5	2/4	5/14
制造业行业类型	资本密集型行业			
成本函数形式	可变成本	标准化可变成本	里昂惕夫成本	超越对数成本
满足要素价格 PL 凹性	不符合			
满足要素价格 PM/pm 凹性	不符合	不符合	符合	难以判断
满足固定要素 K 凸性	不符合	难以判断	难以判断	难以判断
样本数量	261	261	261	261
10%显著性的系数个数比	10/13	2/10	8/9	3/14
10%显著性的测度系数个数比	4/4	1/5	3/4	3/14
制造业行业类型	技术密集型行业			
成本函数形式	可变成本	标准化可变成本	里昂惕夫成本	超越对数成本
满足要素价格 PL 凹性	不符合			
满足要素价格 PM/pm 凹性	不符合	不符合	符合	难以判断

续表

制造业行业类型	技术密集型行业			
满足固定要素 K 凸性	不符合	难以判断	难以判断	难以判断
样本数量	1089	1089	1089	1089
10% 显著性的系数个数比	10/13	9/10	9/9	12/14
10% 显著性的测度系数个数比	4/4	5/5	4/4	12/14
制造业行业类型	资源密集型行业			
成本函数形式	可变成本	标准化可变成本	里昂惕夫成本	超越对数成本
满足要素价格 PL 凹性	不符合			
满足要素价格 PM/pm 凹性	不符合	符合	符合	难以判断
满足固定要素 K 凸性	符合	难以判断	难以判断	难以判断
样本数量	621	621	621	621
10% 显著性的系数个数比	8/13	9/10	8/9	11/14
10% 显著性的测度系数个数比	3/4	4/5	4/4	11/14